Hannelore Biella / Marie-Luise Soltmann

DIE KOSMISCHE FARBLEHRE

Hannelore Biella / Marie-Luise Soltmann

Die Kosmische Farblehre

VERLAG DAS ZENTRUM DER QUELLE

Gedruckt auf umweltfreundlichem,
chlorfrei gebleichtem Papier

Verlag DAS ZENTRUM DER QUELLE
Postfach 13 17, 79249 Merzhausen
Telefon und Fax: 0761-2 98 74
Satz: G. Scheydecker, Freiburg
Druck: Freiburger Graphische Betriebe
Einbandgestaltung: Peter Krafft
Lektorat: Ingrid-Rose Fröhling
ISBN 3-9805020-1-5

INHALT

Vorwort 7

Einführung in die Fließende Schau 8
1. Was ist mit Fließender Schau gemeint? 8
2. Form und Energie 9
3. Form und Formlosigkeit 10
4. Das Zusammenspiel von Energien: Das Wirkfeld 11
5. Farben und ihre Wirkfelder 12
6. Die Fließende Schau und die Wirkfelder der Menschen 13

Der Mitteilungsweg der QUELLE 15
Gruß der QUELLE 16
Einführung in die Farbwelt aus himmlischer Sicht 17
Lebensprinzipien 20

Der Regenbogen 22
Pastelltöne 24
Grün 25
Braun 27
Das Zusammenspiel der Wirkfelder von Grün und Braun 28
Rot 30
Türkis 31
Das Zusammenspiel von Türkis und Rot 32
Blau 34
Königsblau, Marienblau und Rot 37
Vom Purpurblau zum Purpurrot 39
Magenta 41
Rosa 43
Lachs 46

Pink 47
Violett 49
Gold 51
Schwarz 52
Weiß 55
Gelb 58
Orange 61
Grau 63
Silber 65

Die Geschichte der Farbe am Beispiel des Herzens 66
Farbtöne und ihre Wirkfelder im Zusammenspiel 67
Bunt 68
Wesen und Bedeutung der Strahlkraft der Farben 70
Die Bedeutung des erweiterten Farbwissens 73
Abrundende Betrachtung 75

Wie empfangen wir den Inhalt dieses Buches? 76
Die Autorinnen über sich selbst und ihre Bücher 78

VORWORT

Im Sommer 1995 erhielten wir die Texte zu diesem Buch in der Meditation. Es ist das zweite Buch, das wir empfangen durften, und es wurde uns gesagt, daß es seinen Sinn hat, daß das Weisheitsmaterial in dieser irdisch-zeitlichen Abfolge gegeben wird.

Der Leser wird vielleicht fragen: „Wer ist es denn, von dem ihr empfangt?" ES nennt sich „die QUELLE". Unter QUELLE verstehen wir die Urschöpferquelle, die unser Anfang, unser Ursprung, unsere Herkunft und unser Ankommen ist.

Im ersten Buch „DIE QUELLE SPRICHT" wurde die Verbindung von Wissen und Weisheit beispielhaft an Lebenssituationen als ein Erfahrungs- und Arbeitsbuch niedergelegt. Das Buch will nicht nur gelesen, es will gelebt werden.

Auch das zweite Buch versteht sich als ein Lese- und Übungsbuch. Hierin wird die Verbindung von irdischem und himmlischem Denken beispielhaft an Farben beschrieben.

Beide Bücher verbindet die sogenannte „Fließende Schau". Sie ist eine Betrachtungsweise, und durch sie wird das Leben auf der Erde aus irdischer und himmlischer Sicht gestaltet. Dies ist ein Weg, das Göttliche hier auf der Erde zu verwirklichen.

Über die Farben werden die niederen und höheren Körper des Lesers aktiviert. Mit den niederen Körpern meinen wir den physischen Körper, den emotionalen und gedanklichen Bereich. Mit den höheren Körpern meinen wir die feinstofflichen Ebenen, in denen auch Lichtkörper und Seelenkörper angesprochen werden.

Der Leser erhält zum einen die Botschaften der Farben und bekommt damit Zugang zu ihrem Innenleben, ihrem Wesen. Gleichzeitig dient die Farbe als eine Erweiterung für den Wachstumsweg des Menschen.

Der Leser kann die Fließende Schau verinnerlichen und somit seinen Blick vorbereiten, um in das Zusammenwirken der sichtbaren und unsichtbaren Ebenen einzutreten. So kann er Stufe um Stufe in die Fließende Schau und ihre Anwendung hineinwachsen.

EINFÜHRUNG IN DIE FLIESSENDE SCHAU

1. Was ist mit Fließender Schau gemeint?

Das Prinzip der Fließenden Schau drückt das Wesen des Schöpfers und aller Geschöpfe aus. Die Fließende Schau ist Grundlage des Seins im Universum. Das göttlich erschaffende Schöpferprinzip stellt sich im fließenden Sein dar. Alles im Universum lebt, wirkt, vergeht, verwandelt sich, fließt ineinander, fließt über. Alles Sein im Universum strömt, verströmt sich, und das fließende Strömen begegnet anderem Sein, mit dem es zusammen und durcheinander strömt.

Das Prinzip der Fließenden Schau ist eine Ur-Gabe, die der Schöpfer den Menschen mitgegeben hat. Die Fließende Schau ist ein Seinszustand, kein Unternehmensakt. Laßt euren Körper sein, so daß er sich von innen nach außen verströmt. Ihr werdet spüren, daß dieser Vorgang mit „Loslassen" zu tun hat. Keine Zensur oder Beurteilung des Denkkörpers, kein Gefühl des Gefühlskörpers sollte sich einmischen. Die unberührte Art des Seins entspricht der Fließenden Schau.

Eure Augen können die Fließende Schau einfangen, indem sie mit weichem Blick, ohne das Betrachtete zu fixieren und mit dem Blick zu begrenzen, schauen. In diesem Zustand des Betrachtens seht und spürt ihr die Fließende Schau am besten.

Seht die Tulpe mit fixierendem Blick an: Ihr werdet ihre Schönheit, Farbe, Größe, Leuchtkraft wahrnehmen. Gefühle und Gedanken, zum Beispiel Beurteilung, sind bei der fixierenden Betrachtung des harten Blickes beteiligt.

Betrachtet diese Tulpe mit weichem Blick: Seht Schönheit, Farbe, Größe und Leuchtkraft in einem. Das Seinsfeld der Tulpe wird vor eurem weichen Blick erstehen. Und das lebendige, energetische Feld der Tulpe wird sich über die Grenzen ihrer Form hinaus ausbreiten. Dieses Feld, das ihr spüren, vielleicht sehen könnt, nennen wir Wirkfeld. Nehmt einmal bewußt wahr, wie weit sich das Wirkfeld der Tulpe ausdehnt und wie weit es aus eurer Sicht reicht.

Mit der Technik des weichen Blickes könnt ihr am ehesten das Prinzip der Fließenden Schau erfahren.

2. Form und Energie

Alles Seiende im Universum hat seine Form. Auch die Nichtform, auch das Formlose ist Ausdruck von Form.

Irdische, nämlich sichtbare Materie hat ihre Form: ein Kasten, eine Blume, ein Tier, ein Mensch. Die Wolke hat ihre Form, die in Formlosigkeit übergehen kann.

All die nicht sichtbaren Seienden, die wir „Energien“ oder „Licht“ oder „Helfer“ oder „Engel“ nennen, haben auch ihre Form. Da sich diese Form im Feinstofflichen „formiert“, sprechen wir hier für euer irdisches Verständnis von Nichtform.

Jede Form des Seienden hat seine eigene Energie und seine eigene Art der Ausstrahlung. Der Kasten zum Beispiel hat eine andere Energie und somit auch eine andere Ausstrahlung als die Tulpe oder der Hund.

Laßt euren „Geschmack“ von Kasten, Tulpe und Hund jetzt einmal draußen. Ob das Seiende schön, verwelkt oder alt ist, spielt jetzt keine Rolle. Jedes Seiende hat seine Ausstrahlung, seine Energie breitet sich aus. Und diese Energie hört nicht dort auf, wo das Seiende seine Grenze hat. Die Energie der Tulpe reicht weiter, als euer Auge die Tulpe sieht.

Ihr könnt es einmal so probieren: Schließt eure Augen, nachdem ihr einen Gegenstand in die Hand genommen habt. Tastet ihn ab. Entfernt eure Hände langsam von dem Gegenstand und spürt „die Luft“. Spürt auch, wie sich „die Luft“ in der näheren und weiteren Umgebung des Gegenstandes anfühlt.

Ein anderes Beispiel. Legt die Innenflächen eurer Hände fest aneinander. Entfernt die Hände langsam voneinander und spürt den lebendigen Raum, der zwischen den Händen entsteht. Das ist das Energiefeld eures Körpers, das sich hier über die Hände ausdrückt.

Schwieriger ist es für euch, das Energiefeld des Unsichtbaren wahrzunehmen. Betrachtet eine Weile den Himmel. Geht den sich verflüchtigenden Wolken nach. Haftet nicht mit euren Augen an den Farben oder Formen der Wolken. Versucht, die Energie des Himmels wahrzunehmen.

Betrachtet ein Meer, seine lebendigen Wellen. Laßt das Auge in die Tiefe des Meeres schweifen, und geht mit euren Augen etwas über das Wasser hinaus. Auch bei einem See oder einem Bach könnt ihr üben, die Energie des Wassers wahrzunehmen.

Betrachtet einen Strauch im Wind. Haltet eure Augen nicht fest an den sich bewegenden Zweigen. „Betrachtet" den Wind, die Wirkung der Zweige des Strauches im Ganzen. Fühlt euch ein in die Energie des Windes.

3. Form und Formlosigkeit

Je härter die Materie wird, um so mehr wird die Energie geformt, um so mehr wird die Energie in ihrer Form eingefangen. Alles Erdennahe hat diese schwerstoffliche Materie. Betrachtet den Unterschied zwischen Erdbrocken und Wolke. Nur in der festen Materie kann die irdische Form die Energie der Erde ertragen und auf ihr leben. So ist eine zarte Form wie die Blume von Wind und Wetter gefährdet. So hat die zarte Form des Schmetterlings eine begrenzte Lebensdauer. Zarte Blume und zarter Schmetterling haben dennoch ihre Form, und in dieser drückt sich ihr Leben, ihre Lebendigkeit und ihr Sein aus.

Mächtige, gewaltige „Wesen" oder Seinsformen lassen ihre Energien nicht lieblich, sondern stark, plötzlich oder explosiv strömen, zum Beispiel das Gewitter, das Erdbeben, der Wasserfall, das Lagerfeuer. Die trockene Erde im Sommer läßt den Asphalt aufplatzen. Die Energien suchen sich ihre Bahnen.

Betrachtet den Menschen: Seine Knochen sind festes, hartes Material, das die Weichteile, die Organe und die Flüssigkeiten trägt und schützt. Die Form ist Ausdruck des Menschen, sein Seiendes, seine Art Leben und Lebendigkeit als irdische Materie.

Irdische Materie? Der Mensch ist irdische Materie mit einem reichen Leben. Der Zugang zu den feineren Welten ist ihm gegeben. Der Mensch ist Ausdruck der Schöpferquelle, und die Fließende Schau ist in seinem Körper bewahrt, nämlich im Rückenmark, das von der Wirbelsäule geschützt wird. Die Physis hat die Fließende Schau erhalten.

Der Gefühlskörper kann seine Gefühle steuern: Die bedingungslose Liebe, „fließende Gefühle“ wie Hingabe, Glückseligkeit, das Lachen sind Ausdruck der Fließenden Schau.

Der Denkkörper kann seine Gedanken steuern: Wertfreiheit, Freisein von Urteil und Beurteilung ist Ausdruck der Fließenden Schau.

Das Auflösen von Bindungen und von festhaltenden Tendenzen ist Ausdruck der Fließenden Schau. Das Auflösen von Verhakungen in Beziehungen und von Erlebnisblöcken in sich selbst ist Ausdruck der Fließenden Schau.

Die Menschen haben in der Epoche der Wissenschaft und Technik das Prinzip der Fließenden Schau vergessen. Es ist als göttliches Prinzip in ihnen verankert. Sie können es sich zurückholen, indem sie ihre niederen Körper in ihrer Wahrnehmung schulen. Laßt euren Geist in seiner Lebendigkeit fließen: Euer Wahrnehmungsfeld wird weiter. Laßt die Wahrheit und Echtheit eurer Gefühle fließen, und eure Beziehungen werden reicher. Laßt die Lebensströme in eurem Körper fließen, und ihr werdet gesünder.

Dieses Seiende, Fließende, das das gesamte Universum ausmacht, haben wir mit der Fließenden Schau beschrieben. Alles Seiende, alle Form, alle Nichtform und alles Formlose, dem eigene Energie innewohnt, haben wir auch beschrieben.

4. Das Zusammenspiel von Energien: Das Wirkfeld

Alle Energie von Körperhaftem und Nichtkörperhaftem hat seine Ausstrahlung. Denn alles Seiende verströmt sich, und dieser Lebensfluß des Seienden breitet sich weiter aus, als das einzelne Seiende reicht.

Dein menschlicher Körper hat deine Energie, dein seiendes Lebendiges, das in deinen Körper hineinstrahlt und sich ebenso auch über deine Körpergrenzen hinaus ausbreitet. Und der andere menschliche Körper hat auch seine eigene Energie. So begegnet ihr euch in eurer schwerstofflichen Form. So begegnet ihr euch aber auch über eure physischen Körpergrenzen hinaus. Da sich die fließende

Energie formlos ausbreitet, fließen die Energien außerhalb der festen Form über. Und diesen Bereich des sich Ausbreitens von Energien nennen wir Wirkfelder.

Du hast dein Wirkfeld, der andere hat seines, und der nächste andere hat wiederum seines. Die Energieströme eurer Wirkfelder, die sich begegnen, sind nicht voneinander trennbar. Sie fließen ineinander über, und das ist das Zusammenspiel der Wirkfelder.

Das Zusammenfließen der Wirkfelder bezieht sich nicht nur auf euch Menschen. Es bezieht sich auf alles Seiende auf der Erde, auf alle Materie. Auch die Tiere, die Pflanzen, die Steine, die Autos, die Häuser haben ihr Wirkfeld und das Zusammenspiel ihrer Wirkfelder. Auch das Formlose, die Farbe als solche, der Duft, der Klang haben ihr eigenes Wirkfeld. Beim Klang nennt ihr es den Schwingungsbereich. Alle Flüssigkeit, ob Wasser, Alkohol, Seifenlauge oder Hautlotion, hat ihre Schwingung, ihr Energiefeld und ihr Wirkfeld.

Nicht nur das Seiende auf der Erde hat seine Wirkfelder, alles Seiende in dieser Schöpfung hat sein Wirkfeld. So nehmt ihr unter Umständen die Energie eines Engels leichter wahr als seine Form. Ihr habt andere Antennen als eure schwerstofflichen Augen, die Energie der feinen Lichtwesen wahrzunehmen: Es ist die Antenne der Fließenden Schau.

Wenn ihr das Prinzip der Fließenden Schau auf die Gestaltung eures Erdenlebens anwendet, so habt ihr einen Schlüssel zum Göttlichwerden auf der Erde gefunden. Alle Lichterfahrungen sind nur möglich durch die Fließende Schau. Alle Seelenarbeit, alle Erlösungswege, alle Heilungsvorgänge, alle Zugänge zur göttlichen Welt werden mit der Fließenden Schau vollzogen.

5. Farben und ihre Wirkfelder

Am Beispiel der Farbwelt wollen wir nun das Prinzip der Fließenden Schau verdeutlichen.

Jede Farbe ist für sich ein Ausdruck des Seins. Zum Beispiel: das Grün, das Rot, das Weiß, das Schwarz.

Das Sein von Grün hat seine eigene Energie. Dieses Wirkfeld von Grün enthält eine bestimmte Botschaft: „Ich bin immer-überall, ich bin im Werden, im Sein und im Vergehen. Ich bin das Leben, und das ist meine Heilkraft."

Das Wirkfeld von Rot enthält eine bestimmte Botschaft: „Ich bin die Kraft des Neuen. Ich bin antreibende, motivierende, lebendige Stärke."

Grün drückt sich aus in den Grashalmen einer Wiese. Rot drückt sich aus in einer Tulpe.

Das Wirkfeld vom Grün der Wiese fließt in das Wirkfeld vom Rot der Tulpe über. Die Wirkfelder von Wiese und Tulpe verströmen sich zusammen und strömen ineinander über. Im Zusammenspiel der Wirkfelder Grün und Rot von Gras und Tulpe entsteht ein sich wandelndes Wirkfeld, nämlich eine andere Energie, als Grün von Gras und Rot von Tulpe war. Da Gras und Tulpe ihre Energie verströmen und verströmen, hat das sich in ihren Wirkfeldern ausdehnende neue Wirkfeld keine eigene Form, aber eine eigene und andere Ausstrahlung, als es das Grün des Grases oder das Rot der Tulpe für sich allein hatten.

Das ist das Wunderbare an der Schöpfung, daß sie durch das Zusammenspiel der Wirkfelder Neues schafft, im Wandel ist und sich immer wieder anders darstellt.

Hierin liegt die wenig erkannte Heilkraft der Farbenergien. Die einzelne Farbe spielt in die andere Farbe hinein. Ihre gemeinsamen Energiefelder bewirken neue Reize, neue Ströme von Heilenergie, die das Wesen und die Kraft der einzelnen Farbe übersteigen.

6. Die Fließende Schau und die Wirkfelder der Menschen

Den Vorgang des Ineinanderfließens von Energiefeldern der Farben können wir auf alles Seiende im Universum übertragen. Auch zwischen zwei Menschen, deren Energiefelder sich begegnen, entsteht ein Neues, Anderes, das Teil von jedem energetischen Bereich der beiden Menschen ist und das ohne den Energieteil des anderen nicht hätte entstehen können. Dieses neu entstehende Feld hat eine andere Kraft als die einzelnen Felder der beiden Menschen.

Darin liegt die Erkenntnis, die Fließende Schau auf die Wirkfelder der Menschen anzuwenden. So hat eine Gruppe von Menschen ein Wirkfeld-Potential zur Verfügung, das jeder einzelne aus dieser Gruppe gar nicht haben kann.

Jeder einzelne Mensch verändert sein Energiefeld in der Begegnung mit der höheren Welt. Im Anschluß an das Höchste wird die schwerstoffliche Energie des Menschen derart belichtet, daß sich die Ströme der Lichtwelten innerhalb seiner Zellen, aber auch außerhalb seines Körpers ausbreiten. Diese Lichtfelder verbreiten sich zwischen den Menschen und bringen den Liebesstrom auf der Erde in einer neuen Weise in Bewegung.

Es ist die Aufgabe des Menschen, mit Hilfe der Fließenden Schau die Lichtwelt auf und in die Erde zu bringen. Vermehrt diesen Seinszustand in euch, so daß ihr aus dem fließenden Sein, in der fließenden Liebe, im fließenden Denken lebt und selbst zum Ausdruck der Fließenden Schau werdet.

DER MITTEILUNGSWEG DER QUELLE

Wenn die QUELLE spricht, erreicht sie das Herz.

Die Informationen über die Farben sollen euch ganzheitlich erreichen. Ihr sollt sie im Denkkörper erhalten. Der Emotionalkörper soll erreicht werden. Alle Zellen aller eurer Körper sollen sich angesprochen fühlen, je nach eurem Bewußtsein, eurem Interesse, eurer Aufmerksamkeit. Deshalb wird euch im Laufe der Zeit, wenn ihr die Farbtexte als lebendige, göttliche Inhalte verinnerlicht, immer mehr aufgehen.

Der Schreibstil der Farbtexte spricht verschiedene Ebenen gleichzeitig an: Mal hört ihr aus der Menschheitsgeschichte, mal vom Wesen der Farbe, mal werden euch Beispiele aus eurer gesellschaftlichen Umgebung genannt, mal wird euch die Farbwelt am Beispiel der Pflanzenwelt dargestellt. Natürlich haben auch die Farben der Tiere ihre eigenen Aussagen. Alles habt ihr Menschen im Laufe der Evolutionsgeschichte verinnerlicht; also sind all diese Lebens-Welten und Farbwirkungen in euren Zellen durch die Zeiten der Inkarnationen hinweg gespeichert. Vom Dunkel bis zum Licht, vom Blau bis zum Rot – alles findet ihr in eurem physischen Körper – und natürlich in euren anderen Körpern auch.

Dieser Mitteilungsweg der QUELLE ist DAS, die Mitte, der Punkt, das Eine, das IST, das Alles. Daher erreicht sie euch direkt im Herzen, von wo aus sich ihre lebendige Wirkung in euch verteilt.

Ihr werdet an unterschiedliche Orte in euch selbst geführt, bis ihr selbst durch eure Arbeit alles so zusammenbindet, daß es sich mit der Sprache der QUELLE trifft.

Seid gesegnet.

GRUSS DER QUELLE

Ihr, meine lieben Leser:

ICH, die QUELLE allen göttlichen Ursprungs, grüße euch.

Eure Sehnsucht nach dem Verschmelzen mit dem Göttlichen bewirkt bestimmte Vorstellungen in euch, wie das „Ankommen in der QUELLE“ sein wird. Ankommen wird nicht heißen, „am Ende sein, ausruhen, fertig sein...“. Neue Aufgaben wird es geben; weitet euch und nehmt diesen ewigen Weg des Wachsens an!

Eure Bewußtseinserweiterung wird von “oben“ unterstützt. Die Farbtexte sind hörbar – ihr müßt eure Ohren erweitern; nicht nur die Ohren, auch die Augen und die Sinne, auch den physischen, den emotionalen und den Denkkörper müßt ihr erweitern, um die Kosmische Farblehre aufzunehmen, anzunehmen, zu verinnerlichen, zu integrieren.

Über die Farblehre werdet ihr lernen zu verstehen, daß der Schöpfer in jeder Farbe seines Universums bestimmte Botschaften aussendet. Dies geschieht durch Stein, Pflanze, Tier und Mensch. Diese Botschaften sind *eine* Sprache, weil Alles zusammenhängt; ihr werdet die Botschaften stückweise erfassen, indem ihr euch das Wesen der Farben erschließt. Allmählich werdet ihr euer vielseitiges Weisheitswissen zu einem bunten Strauß zusammenbinden. Erinnert euch: Es wird unendliches Wachstum sein! Das ist die Weisheit, die hinter euren Erkenntnissen erfahren werden will: Was weiter wird, wird auch näher.

Je weiter ihr euch in eurem Bewußtsein ausdehnt, um so näher kommt ihr dem Ursprung. Je näher ihr seid, um so mehr werdet ihr euch ausdehnen. Das Universum ist eure Heimat. Sie wird euch immer neue Wege des Erkennens und der Mitarbeit anbieten.

Hier, in diesem Buch, wird der Weg der Erkenntnis über die Kosmische Farblehre beschritten.

EINFÜHRUNG IN DIE FARBWELT AUS HIMMLISCHER SICHT

Farben und Töne haben bestimmte Schwingungen, sagt ihr aus eurer irdischen Sicht – und dem stimmen wir zu. Ihr sollt nun ein erweitertes Bewußtsein über Farben erhalten.

Mit euren Augen könnt ihr Farben sehen. Ihr wißt, daß die Schwingungsfrequenzen der Farbe von euren Augen und eurem Emotionalkörper aufgenommen werden. Farben lösen Wohlbehagen und Unbehagen in euch aus. Euer Denkkörper zensiert die Farben, zum Beispiel: „Rot tragen nur Kinder; Schwarz ist für Trauernde." Daß mit Farbenergie geheilt werden kann, ist euch bekannt. Betrachten wir das Ereignis „Farbe" aus himmlischer Sicht, so ist zweierlei hinzuzufügen: Zum ersten haben Farben Leben, das heißt, Farben sind Wesenheiten, die lebendig in den Kosmos hineinwirken. So geschieht es, daß der Schöpfer bestimmte Farben zu bestimmten Zeiten auftreten läßt. Seht euch das Morgenrot und das Abendrot an. Geht in die Farben und in den Farbprozeß des Sonnenaufgangs oder Sonnenuntergangs hinein, und ihr werdet ein Stück davon erfahren. Chemisch-technische Erklärungen der Zusammenhänge von Farbbildungen beispielsweise im Morgen- und Abendrot werden durch diese Schau nicht aufgelöst. Laßt euch davon nicht beirren!

Wie selten wird zum Beispiel „Gold" vom Himmel ausgeschickt! Und Gold enthält doch bestimmte, wichtige Botschaften! Sollte es da keinen Zusammenhang geben?

Die zweite Hinzufügung ist die Tatsache, daß das Wirkfeld der Farbe eine besondere „Sprache" des Himmels ist, die ihr auf der Erde, da ihr dieses Wirkfeld der Farbe nicht seht, nicht berücksichtigt. Damit ist die Art und Weise der Wirkung der Farbenergie und Farbschwingung gemeint. So wie die Seele sich zu einem bestimmten Seelenkörper entwickelt, so entwickelt die Farbe einen bestimmten Raum, in dem sie ihre Kraft und ihre Wirkung einsetzt.

Daraus folgert: Da Farben lebendigen Wesenheiten vergleichbar sind und bestimmte Wirkfelder haben, entstehen im Zusammenspiel einiger Farben bestimmte Wirkungsbereiche, die bestimmten Themenbereichen des Daseins eurer

Körper auf der Erde entsprechen. Daß die Wirkfelder der Farben fähig sind, eure Zustände und Befindlichkeiten zu unterstützen und zu heilen, ist die neue Sicht.

Viele von euch lieben Türkis. Ihr bringt es mit Wasser in Verbindung, und weise Leute benutzen Türkissteine als Schutz oder zur Abwehr gegen „Böses".

Wir sagen euch, daß Türkis in dem Reibungsfeld zwischen Wasser und Stein, zwischen Flüssigem und Festem entsteht. Wo sich Festes mit Flüssigem in eurem Leben verbindet, unterstützt euch Türkis. Spürt euch ein in solche Lebenssituationen, in denen das Prinzip „Festes verbindet sich mit Flüssigem" wirksam wird.

Ebenso als Beispiel das leuchtende Fahnen-Rot: Sein Prinzip entspricht der „neuen Schubkraft". Wo es also um „neue Schubkraft" in eurem Leben geht, unterstützt euch mit diesem Rot.

Und das Zusammenspiel von Türkis-Rot zeigt euch, wie ihr die Verbindung von Festem mit Flüssigem zusammenbringen könnt mit „neuer Schubkraft". Wo es in eurem Leben um tiefgreifende existentielle Veränderungen geht, also Bekanntes = Festes aufzulösen ist in Unbekanntes = Neues, Fließendes, da braucht ihr das Prinzip „neue Schubkraft", nämlich Mut, Kraft, Ideen. Also rät euch die himmlische Sicht für diese Situationen zu Türkis-Rot.

Das Farbspektrum basiert aus eurer Sicht auf den Regenbogenfarben. Sie sind das „Grundkapital" der Farbe in Zeit und Raum.

Die Wirkfelder der Farben sind so immens differenziert, daß ihr schrittweise an dieses Wissen herangeführt werden sollt.

Um an eigene Erfahrungen mit den Aussagen der Wirkfelder von Farben heranzukommen, raten wir euch, jeweils in eine Farbe einzutreten, euch ganz in eine Farbe einzuhüllen, ein Blatt Papier ausschließlich mit dieser Farbe zu bemalen. Achtet weniger auf das Aussehen der Farbe, vielmehr mit weichem Blick auf den Strahlungsbereich der Farbe.

Lernt, Formen zu „übersehen", das heißt, in Farbe einzutauchen. Betrachtet das Rot der Tulpe, nicht aber ihren schönen Kelch. Form und Struktur sind sehr wichtig für die Erde, ja, sie sind ihre Kennzeichen. Raum und Zeit sind schließlich Strukturen! Wollt ihr hingegen Erde mit Himmel verbinden, ist es wichtig, als Erdenbürger Raum und Zeit zu überwinden, also Strukturen zu überwinden. Das heißt nicht, formlos zu werden, im Universum herumzuschwirren! Es heißt vielmehr, euren Erfahrungs- und Bewußtseinshorizont zu erweitern, indem ihr ganz bewußt anerkennt, daß die Gesetze des Himmels auf einer feinstofflichen „Sprache“ und Ausdrucksform beruhen. Diese Feinstofflichkeit ist in euch selbst vorhanden, wenn ihr das Zusammenspiel eurer Körper meditiert. Über die Aktivierung und Harmonisierung eurer Körper könnt ihr euch den Zugang zu den „Strukturen“ der höheren Welten herstellen.

Der Umgang mit den Wirkfeldern der Farben wird euch den Zugang in andere Bereiche – wie die der Töne, der Bilderwelt, der Heilwelt höherer Ebenen – erschließen.

Im übrigen ist die Existenz der Farben im Bergkristall gespeichert, so daß der Mensch sie nicht zerstören kann.

LEBENSPRINZIPIEN

Was ist mit „Lebensprinzipien“ gemeint?

Alles Lebendige, ob Natur oder Kreatur, lebt nach bestimmten Gesetzen. Alles Lebendige macht bestimmte Wachstumsschritte auf dem Planeten Erde durch. All die Angebote des Universums in Verbindung mit dem eigenen physischen Zustand bewirken, daß es bestimmte Lebensprinzipien gibt: vom Wohlbefinden bis zum Leiden; der Umgang mit kritischen Herausforderungen – in der Natur wären dies zum Beispiel das Wetter oder Katastrophen; für das Tier ist es das Schicksal, wo es sein Zuhause findet.

Orientierungslosigkeit, neue Schubkraft, Ausdauer, Klarsicht, Heilen und Geheiltwerden sind einige Lebensprinzipien, die alles Lebendige auf der Erde braucht. An den Wirkfeldern der Farben werden diese Lebensprinzipien aufgezeigt. Und daß gerade in den Farben diese Lebensprinzipien aufbewahrt sind, ist weise von der Schöpfung eingerichtet. Denn alles Lebendige selbst, ob Stein-, Pflanzen-, Tierwelt oder Menschenreich, alles enthält die Farbkräfte. So kann jede Welt ihre Farbwirkfelder geben und ebenso auch empfangen.

Der energetische Austausch, der überall im Universum stattfindet, spiegelt sich auch in den Wirkfeldern der Farben wider.

Was unsere Augen an Farben „trinken“, ist unserem Bewußtsein häufig klar. Wie die nicht sichtbaren Kraftfelder der Farben auf uns einwirken, bleibt unserem Bewußtsein häufig verborgen. Je bewußter uns das Zusammenspiel der Kräfte unserer Körper (des physischen, emotionalen, Gedanken- und Lichtkörpers) wird, um so bewußter werden uns auch die Lebensprinzipien. Wir leben sie oder wir leben sie nicht – je nach unserem Bewußtsein. Wir haben alle Lebensprinzipien zur Verfügung; wir können lernen, uns alle Lebensprinzipien verfügbar zu machen.

In der Pflanzenwelt können uns die Wirkfelder der Farben und der Lebensprinzipien, die sie darstellen, besonders deutlich werden. Denn die Natur umgibt uns ständig.

Je bewußter wir die Farbwelt der Steine, Pflanzen, Tiere und Menschen aufnehmen, um so mehr wird sich unser Bewußtsein ausdehnen. Und wir können diese Farbwelten so in uns aufnehmen, daß sie unserem ganzheitlichen Wachstum dienlich sind.

DER REGENBOGEN

Der Regenbogen ist euer Farbspektrum, das Muster, nach dem ihr sehen gelernt habt. Obwohl die Farben des Regenbogens in Zeit und Raum chemisch-physikalisch untersucht sind, obwohl der Regenbogen als Wetterzeichen naturwissenschaftlich von euch Menschen auf der Erde erklärt werden kann, habt ihr die Tatsache, *daß* er am Himmel steht, nicht als Zeichen genommen.

Die Chakrenlehre und andere spirituelle Richtungen gehen auch vom Regenbogen-Farbsystem aus. In der spirituellen Szene ist der Regenbogen als Zeichen erkannt. Dennoch: Himmel und Himmel sind nicht einerlei.

Zwar sind im Regenbogen, dem göttlichen Zeichen als Bund Gottes, die Urfarben enthalten; nämlich die Schwingungsfrequenz der Farben, die ihr zur Stärkung der Erdenergie braucht und die ihr mit euren Augen aushaltet.

Das Gegen-Teil zu den kräftigen Regenbogenfarben sind die Pastellfarben, die ihr im Wasser und am Himmel findet. Gott hat euch von unten und von oben mit zarten Farben eingehüllt und schickt euch zur Kräftigung starke Farben.

Natürlich ist das Grün, die Hauptfarbe der Natur, die erträglichste Farbe für alle Menschen. Eine Erdenlandschaft in Rot statt in Grün als Basisfarbe wäre nicht denkbar. So hat der Schöpfer das Zusammenspiel von Natur und Mensch berücksichtigt.

Je mehr ihr euer göttliches Auge, das fließende Schauen, entwickelt, um so mehr Farben werdet ihr im Universum entdecken. Die Weiß- und Blautöne werden neben ihrer Durchsichtigkeit glänzen. Und die Goldtöne im Sonnenlicht werden für euch wahrnehmbar.

Und so gibt es Farben und Farbschwingungen, die nicht nachweisbar und überprüfbar sind wie die Farben des Regenbogens. Das sind Farben, die dem einzelnen Menschen wahrzunehmen vorbehalten bleiben. Und er wird Mühe haben, genaue Worte für seine Farbschau zu finden, und er wird nicht wissen, ob der ihm Zuhörende dasselbe Farbspiel vor Augen hat wie er. Denn diese ureigene Farbsicht ist nicht überprüfbar. Und das verbindet alle Menschen, daß es letztlich ihr „Geheimnis", ihr Unerkanntes und nicht zu Beschreibendes ist, wie sie, wenn der menschliche Geist Gott näherkommt, die Farben erschauen. Das zeigt euch die Fülle des Universums am kleinen Beispiel der Farbe.

Und diese Farbfülle könnt ihr im Zusammenspiel mehrerer Bergkristalle erblicken. Haltet einzelne Bergkristalle so zueinander, daß das Sonnenlicht mitwirken kann, daß eure Augen im Laufe der Zeit die Farbwelt erblicken können. Legt euch die Bergkristalle auf die Augen, hinter die Ohren, blast durch sie, wärmt sie in den Händen, am Körper, damit sie neues Leben empfangen. Sie werden es euch mit ihrer Farbsprache danken. Und sie werden ihre Farbe in Töne umsetzen.

Dieses Beispiel zeigt euch, wie ihr mit Farbe umgehen könnt. Daß euch dieses zum Staunen bringt, daß in dem feinen Erkennen der Farben und Farbzusammenspiele heilsame Kräfte liegen, ist klar. Denn das Universum mit seinem Farbreichtum steht euch zum Ausbau eurer göttlichen Welt zur Verfügung.

Das Wichtigste an der Bedeutung des Farbspektrums ist, daß es in sich ein Abglanz des Göttlichen ist.

Baut euer Schauen aus. Schaut mit allen Sinnen, die euch zur Verfügung stehen. Schritt für Schritt werdet ihr feiner und differenzierter schauen lernen.

Die Blumenwelt gibt sich euch hin und sagt: „Nehmt unsere Farbwelt auf, sprecht mit unserer Farbe.“ Lernt, nur die Farbe, nicht die Form, zu betrachten. Solches ausschnittweises Schauen wird eure Fähigkeit zum fließenden Schauen fördern. Und macht eure eigenen Erfahrungen.

Nehmt auch die unerkannten und verborgenen Anteile, die im dunklen Schwarz liegen, mit auf. Betrachtet Schwarz als das Nicht-Weiß, und ihr werdet euer Farberleben erweitern. Nichts soll ausgeklammert werden. Und findet heraus, was „Bunt“ für euch bedeutet.

Gott drückt in den Farben seine Einzigartigkeit und seine Fülle aus.

PASTELLTÖNE

Mit Pastelltönen hüllt euch der Schöpfer von oben, dem Himmel, und von unten, dem Wasser, ein. Die sanften Farbschwingungen erleichtern euch die Entspannung in euren drei Körpern (physischer, Emotional- und Denkkörper), so daß die jeweils bestimmte Farbe eure Zellen leichter erreicht.

GRÜN

Grün ist die Schlüsselfarbe allen Lebens auf der Erde.
Grün ist immerwährend und wiederkehrend.

Schaut euch die Nadelbäume an: Sie sind zu jeder Jahreszeit grün. Auch die immergrünen Bäume sind lebendig in ihrem Wachstum. Sie vermehren ihr Grün, indem sie sich immer wieder verjüngen und das neue, junge Grün in das bestehende Grün integrieren.

Die hellgrünen Maispitzen fügen sich im großen Ganzen des Baumes ein. Sie geben dem Baum die Kraft, Frucht und Same in dem Zapfen zu entwickeln. Das ist das Lebensprinzip von Grün: unerschöpflich dazusein; sich im ewigen Da-Sein zu verjüngen; sich selbst in seinem eigenen Wachstum zu erweitern; sich durch Blüte, Frucht und Same zu vermehren und das junge Neue zu integrieren.

Grün sagt uns:
„Ich bin ewig da, ich bin lebendig, und ich bin das Leben selbst. Das Immerwährende und das Wiederkehrende sind Basiszeichen von Heilsein, da es das Lebensprinzip selbst ausdrückt."

Das ist die Botschaft von Grün. Es ist das Leben schlechthin. Daher ist die Natur in der Basis grün, weil dieses Prinzip Leben und Heilung vertritt.

Alle Pflanzen sind in ihrer Basis grün. Dann treiben sie Blüte und Frucht in ihrer besonderen, ihnen ureigenen Farbe. Alle Heilkräuter und Heilpflanzen sind grün, weil sie die Urbotschaft des Lebens und der Heilung enthalten.

Daher bringen alle Farben, die mit Grün zusammentreffen, den Aspekt der Heilung mit ein; ob Schwarz-Grün, Rot-Grün oder Weiß-Grün: es ist immer ein Ausdruck von Heilung darin enthalten.

Mit dem Prinzip „Leben" sind die Lebendigkeit und das ununterbrochene Wachstum gemeint. Beides vertritt das Grün. Das ist das Beruhigende, Ausgleichende, das uns Grün vermittelt. Diese zuverlässige Wiederkehr gibt uns Kraft, Geborgenheit und Hoffnung.

So trägt Grün zu unserer Verwurzelung auf der Erde bei. Grün gibt uns ein Gefühl von Dasein, Angekommensein und Zuhausesein. Grün vermittelt uns das Heimatgefühl auf der Erde.

Geht einmal durch einen Wald, ohne die Bäume zu betrachten; versucht einmal, das Wirkfeld vom Grün der Bäume zu spüren. Geht durch Hecken, die rechts und links von euch stehen. Spürt, wie ihre Wirkfelder euch durchstrahlen. Betrachtet die Wiese, nicht das Gras, indem ihr das Strahlenfeld vom grünen Gras auf euch wirken laßt. Geht neben dem Kornfeld in seiner grünen Zeit und nehmt auch da das Wirkfeld vom Grün auf.

Teilt eure Lebendigkeit mit der Natur; es wird ein Austausch sein, der euch bereichert – und das ist Heilung.

BRAUN

Braun ist die Farbe, die die Erde auszeichnet. Selbst wenn graue, weiße, rote Steine oder Felsen die Erde bedecken – der Erdboden ist braun. Dieser Planet hat die Anziehungskraft, unsere Schwerkraft zu halten. Und sein Boden trägt uns, und dieser Boden ist braun.

Damit sagt uns das Braun seine Botschaft:
„Ich bin stetig, zuverlässig und ausdauernd. Ich trage euch."

Unsere körperliche Materie verläßt diesen Erdboden nicht. Wir stehen, gehen, schlafen, leben auf ihm, und wenn unsere Seele die Erde verläßt, birgt die Erde unseren schwerstofflichen Körper.

Die Erde atmet. Braun atmet.

Braun hat die Tiefe in Richtung Schwarz; Braun hat die Lebenskraft in Richtung Rot; Braun hat das Licht in Richtung Sonnengelb.

Braun gibt uns Geborgenheit.

Seht, wie Erdboden und Grashalme sich verbinden! Das Gras wird ernährt vom Braun der Erde, und das Braun der Erde wird geheilt vom Grün des Grases. Das ist der Austausch zwischen Braun und Grün: Die Blätter der Sträucher und Bäume schenken ihr heilendes Grün in Richtung Erde und in Richtung Himmel. Das herabfallende Laub in all seinen Farben spendet dem Erdboden seine Heilkraft. Das ist das Zeichen des Schöpfersegens!

DAS ZUSAMMENSPIEL DER WIRKFELDER VON GRÜN UND BRAUN

Am Beispiel der Wirkfelder von Grün und Braun werden wir das Grundprinzip des Seins der Natur darstellen.

Grün und Braun sind die beiden Lebenskräfte der Natur. Kein Kontinent, keine Hautfarbe oder Rasse, kein Lebewesen unseres Erdballs kann ohne diese beiden Farben existieren.

Beide Farben ergänzen sich auf wunderbare Weise.
Im Grün haben wir die immer vorhandene und immer wiederkehrende Kraft. Sie besteht, sie vergeht, und sie erneuert sich. Die Energie des Grün ist kontinuierlich in ihrer Beweglichkeit, die ruhend und lebendig zugleich ist. Das ist *ihre* Art von Heilsamkeit.

Die Kraft des grünen Wirkfeldes ist vergleichbar mit dem Wesen der Zellen aller Lebewesen. Sie bestehen, sie vergehen, und sie erneuern sich. Sie sind kontinuierlich in ihrer Beweglichkeit, die ruhend und lebendig zugleich ist. Unsere menschlichen Zellen ernähren sich vom selben Prinzip wie die pflanzlichen Zellen in der Natur. Ist dies nicht ein Wunder?

Im Braun haben wir die Kraft der kontinuierlichen Dauerhaftigkeit und Ausdauer. Das An-Dauernde und das Aus-Dauernde sind das in sich ruhende Prinzip, das Braun vertritt.

Daher ist unser Erdboden braun. Selbst, wenn die Erde aufgeweicht und strapaziert wird – sie ruht, wie das braune Wirkfeld, in sich und bleibt in sich. Im braunen Wirkfeld verkörpert sich das Seiende und das In-sich-Ruhende. Daher trägt der Erdboden, der in seiner Anziehungskraft alle Materie trägt, das braune Farbkleid. Die Kraft des Braun trägt alles, das auf ihm ruht und sich auf ihm bewegt, in kontinuierlicher Ausdauer.

Wir haben also im Wirkungsbereich von Grün und Braun die stabile, kontinuierliche und wiederkehrende Kraft der Ausdauer der in sich ruhenden und sich erneuernden Kraft. Dieses Prinzip ernährt alles Lebendige und erhält es auch am Leben. Darin besteht die Heilsamkeit von Grün und Braun!

Die Natur birgt in sich selbst dieses heilsame Wirkfeld. Kein menschliches

Wesen hat dieses Prinzip hergestellt. Der Schöpfer hat die Erde ein für allemal damit ausgestattet. Da dieses Wirkfeld diese großartige Heilkraft hat, kann sich die Natur aus sich selbst heraus erneuern.

Es liegt in der Natur aller Lebewesen, den Prozeß von Geburt, Werden und Vergänglichkeit zu erleben. Stein-, Pflanzen-, Tier- und Menschenreich erfahren künstliche Eingriffe des Menschen als Verletzung ihres Seins. Dies erlebt der Erdboden genauso, denkt nur an die Atomversuche! Daher unterliegt auch die Erde den Gesetzen von Zeit und Raum und ist in ihrer Erneuerung und Ausdauer begrenzt. Vom Bewußtsein des Menschen hängt es ab, inwieweit die Schöpferkraft der Natur in sich selbst heil und heilsam bleibt.

Das Wirkfeld von Grün und Braun benötigen wir besonders in den Zeiten, in denen unsere eigene Kraft des Durchhaltevermögens und der Erneuerung gefährdet ist: bei körperlicher Schwerarbeit, in Zeiten von Krankheit, Katastrophen und Krieg, also wenn es um Leben und Tod geht.

Gesunde können sich in der Natur regenerieren; Rekonvaleszente und Kranke werden von der Natur in ihrem Heilungsprozeß unterstützt; in Zeiten von Katastrophen und Kriegen bietet die Natur in Grenzen Schutz und Kraft.

Die Schau des Wirkfeldes von Grün und Braun möge euch dienen, achtsam und segnend mit Natur und Kreatur umzugehen.

ROT

Rot als Farbe wärmt euch, ernährt, kräftigt und erdet euch. Es ist das Rot, das Erdbeerrot, das leuchtende, das ihr auch oft in euren Fahnen habt.

Im oberen Bereich, dem Himmel, ist die Kraft von diesem Rot im Donner oder auch in dem Wind, der die Wolken wegschiebt, zu finden. Im unteren Bereich, der Erde, habt ihr die Wirkkraft von Rot in Erdaufbrüchen von Vulkantätigkeit, auch die Rissigkeit der Erde bei Trockenheit und in den aufbrechenden Knospen. Und das Wirkfeld von Rot gibt euch die Schubkraft, daß sich Altes, Festes, auflöst und Neues entsteht. Das Entstehen gleicht dem Fließenden, nicht das Entstandene.

Denkt an die Kraft, die im Frühling die Knospen treiben läßt; denkt an die treibende Kraft, die Vögel zwitschern läßt; denkt an euren inneren „Motor“, wenn ihr an eine Arbeit herangeht, die euch groß und unangenehm erscheint: Obwohl ihr müde seid, schafft ihr es, die Fenster zu putzen, oder ihr macht euch an ein großes Aufräumen in eurem „Hab und Gut“. Diese Kraft ist das Prinzip, das dem Rot entspricht.

Wo findet ihr das Element „Neue Schubkraft“ in eurem Körper?

Wo findet ihr das Element „Neue Schubkraft“ in eurem Leben?

Und Rot sagt euch seine Botschaft:

„Ich bin erdverbunden. Ich gebe euch die Kraft und den Antrieb, in Neuland aufzubrechen.“

TÜRKIS

Eine der wichtigsten Farben ist Türkis. Die Schwingung von Türkis ist das Ergebnis der „Reibung“ zwischen Wasser und Stein, Meer und Fels. Das bedeutet: Fließendes und Festes sind im Kontakt durch eine gemeinsame Schwingung. Das Neue, das entsteht, ergibt die Schwingung, die sich in der Farbe Türkis materialisiert.

Türkis enthält also die Botschaft von allem Flüssigen: Wolke, Regen, Nebel, Tau, Hagel, Schnee aus dem oberen Bereich und Wasser in all seinen Formen (Meer, See, Bach, Grundwasser) aus dem unteren Bereich.

Gleichzeitig enthält Türkis auch all die Botschaften, die mit dem Festen zu tun haben: aus dem unteren Bereich aller Formen von Stein, Gestein, Fels. Im oberen Bereich stellt sich Türkis in den Elementen der Zerteilung des Flüssigen (Hagelkörner, Schnee, Regentropfen) dar. Könnt ihr verstehen, daß eine neue Schwingung entsteht, wenn diese beiden Prinzipien „Flüssiges“ und „Festes“ sich begegnen? Dieses „Neue“ enthält die Farbe Türkis.

Beobachtet, wie auf euren Straßen Regen und Schnee in Glatteis übergehen oder wie Frost in Tau übergeht: Das ist der Zustand der Schwingung, die sich im Türkis ausdrückt.

Die Wirkung von Türkis auf euch ist kühlend, erfrischend, reinigend, bereinigend, klärend, weitend, lösend; das ist die Wirkung von Wasser auf Fels, von Wolke in Tropfen, von Stein an Wasser.

Bedenkt das neu Entstehende im Zusammenspiel von Flüssigem mit Festem: Wo begegnet ihr diesem Vorgang in eurem Körper, in eurem Leben?

Und das ist die Botschaft von Türkis:

„In mir begegnen sich das flüssige und das feste Element. Ich bin das Neue, das in dieser Begegnung entsteht. Das ist mein Beitrag.“

DAS ZUSAMMENSPIEL VON TÜRKIS UND ROT

Nehmt nun Türkis und Rot zusammen: das Prinzip „Flüssiges und Festes begegnen sich“ und das Prinzip „Neue Schubkraft“. Das gemeinsame Schwingungsfeld dieser beiden Farben ist, vom Himmel aus betrachtet, dort auf der Erde wirksam, wo es sich um eine Art „neuen Frühling“ handelt.

Betrachten wir abschließend das Zusammenspiel von Türkis und Rot in ihrer Wirkung auf eure verschiedenen Körper. Geben wir dem Wirkungsbereich von Türkis-Rot den höchsten Namen „Beginn göttlicher Wirkkraft“.

Euer physischer Körper braucht dieses energetische Feld beispielsweise im Ablauf des Nachklangs von Operationen, bei einem Umzug oder bei einer neuen Arbeit. Euer emotionaler Körper braucht die Kraft von Türkis-Rot bei Abschied, Liebeskummer, Tod, Reisen, Verlusten. Euer Denkkörper braucht das Feld von Türkis-Rot, wenn alte Einstellungsmuster aufgelöst werden; wenn neues Denken bei neuen Entwürfen kreiert wird, also überall da, wo Loslassen von Bekanntem übergeht in neue Ideen.

Im feinstofflichen Bereich entspricht Türkis-Rot dem Sohn-Tochter-Prinzip, also der Tatsache, daß ihr auf der Erde Söhne und Töchter des Göttlichen seid.

Ihr werdet, wenn ihr offen seid für den Schwingungsbereich Türkis-Rot, von euren schwerstofflichen Zellen und bei genügend Sensibilität vor allem in euren feinstofflichen Zellen einen Ruck in Richtung „Öffnung, Weite“ empfinden. Jede Geburt auf jeder Ebene wird von dem Feld „Türkis über Rot“ unterstützt.

Am Beispiel Türkis-Rot geben wir euch ein Instrument zur Auflösung, Veränderung und Erweiterung eurer Sicht aller eurer Körper in die „Hände“.

Macht euch eine Farbtafel: unten Rot, oben Türkis. Betrachtet sie, legt sie euch auf genesende, nicht kranke Körperteile, hängt euch solche Tücher zusammengewunden auf, tragt vorübergehend solche Kleidung. Ihr werdet *die* Kraft des göttlichen Lichtes bekommen, die ihr für den jeweiligen Umbruch braucht. Ihr könnt auch geistig in eurer Vorstellung mit diesem Farbzusammenspiel arbeiten. Oder stellt euch ein Blumenbeet vor mit roten Tulpen, umgeben von einer Fülle Vergißmeinnicht. Betrachtet diese Farben nicht je einzeln, sondern mit weichem Blick, vor allem außerhalb der Form und Farbe – eben ihr Wirkfeld: Dann habt ihr die Kraft, die wir meinen, wenn das göttliche Licht euch bei „neuem Frühling" unterstützen will.

BLAU

Blau gehört zu den Farben, deren Schwingungen eine „himmlische" Frequenz mitbringen, deren Schlüssel „Vergessene Göttlichkeit in Erinnerung bringen" heißt.

Daher gehört Blau zu den Pastelltönen, die euch von oben – dem Himmel – *und* unten – dem Wasser – einhüllen.

Ihr Menschen seid abgestiegen aus dem Licht der Urquelle; die Zeit der direkt Abgestiegenen, die den direkten Kontakt mit der Urquelle ihrer Herkunft über die Kraft ihrer physischen Er-Innerung und ihres Bewußtseins halten konnten, war abgelaufen. Die schwerstofflichen Ebenen, die vielfältigen Möglichkeiten der Erde, Erdenleben zu gestalten, hatten dazu beigetragen, daß der Mensch den Reichtum des Urlichtes aus den höchsten Ebenen nicht in die schwerstoffliche Materie integrieren konnte. Seine Existenzfragen: eigene Vergänglichkeit, Miteinanderleben, Krieg, Macht, Krankheit, Katastrophen, hatten ihm das Bewußtsein von der unberührbaren Höhe des „Alles-und-Nichts" geschmälert, bis hin zum Vergessen.

Indem er alles ihm zur Verfügung Stehende in sich hineinfraß, war das göttliche Licht nicht mehr imstande, den physischen Körper zu erleuchten – besser: war der physische Körper nicht mehr imstande, die hohe Frequenz göttlichen Lichtes auszuhalten.

Hier hat das Blau seine besondere Aufgabe. Denn die Strahlkraft der göttlichen, nicht sichtbaren Frequenz von Blau aus dem Urlicht hielt weiter den Kontakt bis in die niederen Ebenen der Erde und des Menschen. Viele von euch können in der Kerzenflamme neben dem Gelb oder Gelbweiß auch ein bestimmtes Blau mit irdischen offenen Augen erkennen. Dasselbe Blau zeigt sich euren Augen, wenn ihr fähig seid, feinstoffliche Farben um den Menschen herum zu erkennen. Es ist die Rückstrahlung seiner göttlichen Frequenz – ob er es weiß oder nicht.

Was für euch „Rotlicht" von der Erde aus bedeutet, wird vom Himmel als Blaulicht geschickt. Rotlicht enthält ein Wirkfeld, das schwerstoffliche Entzündungen in eurem Körper heilen kann. Ihr spürt die Wärme: diese ist es aber nicht, die heilt, es sind die unsichtbaren Energien der Strahlen, die die Heilung bewirken.

So ist es mit dem Blau. Blau enthält eine unverfälschte Essenz göttlicher Rein-

heit und Unberührbarkeit. Blau kann sich aus sich selbst heraus regenerieren. Es ist das Himmelblau, von dem ihr als Marienblau sprecht. Maria ist mit Hilfe des Kraftfeldes von Blau göttlich geschützt worden, so daß die irdischen Kräfte der Dunkelheit ihr Wachstum, ihre Liebesfähigkeit, ihr Durchhaltevermögen nicht beeinträchtigen konnten.
Die Blautöne bergen unterschiedliche Weisheiten in ihrem Kraftfeld:

Da war das Purpurblau der großen Göttlichen, das in das heutige Königsblau verwandelt wurde. Immer noch enthält das Königsblau den Code der Göttlichkeit, die sich aus dem Göttlichen speist.

Das fluoreszierende feinstoffliche Blau, das ihr in der Meditation erfahren und mit euren inneren Augen erschauen könnt, hat den Lichtcode des Urlichtes höchster Göttlichkeit empfangen.

Die zarten Pastelltöne von Himmelblau und Wasserblau sind der schwache Abglanz des kreativen göttlichen Blaus, das den Funken reinster explosiver Göttlichkeit enthält.

Das Wirkfeld von Rot umreißen wir mit „neuer Schubkraft", und dieses Prinzip ist in eurem physischen Körper als sexuelle Schöpferkraft der Zeugung menschlicher Nachkommen enthalten.

Das Wirkfeld von Blau umreißen wir mit „göttlicher Schöpferkraft" – und dieses Prinzip ist verborgen worden. Es bedarf eurer Erarbeitung durch spirituelle Weiterentwicklung, das heißt durch enge Zusammenarbeit und Bindung an den Spiritus, den Heiligen Geist. Dieser öffnet euch erneut die Erfahrung und die Schau von Urblau. Daher wird das Wirkfeld von Blau mit „Vergessene Göttlichkeit" umschrieben. Je göttlicher ihr werdet, je mehr sich euer Bewußtsein für das Göttliche entfaltet, um so mehr wird das in euch schlummernde Wissen um das Blau erwachen. Denn die Erfahrungen und das Urwissen der inzwischen verschlüsselten Farbwirkfelder sind ja in euch gespeichert und können nicht verlorengehen. Ihr lebt in einer Zeit großen Erwachens, an dem viele andere Menschen mit euch zusammen teilhaben. Gerade an der Farblehre wird dies deutlich.

Zu Goethes Zeit war die naturwissenschaftliche Erkenntnis der Farbwelt zeitgeschichtlich aktuell und wichtig. Bereits Anfang des 20. Jahrhunderts hat euch

Rudolf Steiner den Weg zur Erkenntnis der Pastelltöne geebnet. Nun habt ihr einige Farbtherapien entdeckt. Sie basieren auf den Anfangsstufen des Rückerinnerns alter Farbtherapien, wie sie in frühen Zeiten angewandt wurden. Damals hatte man zu den Farbwirkfeldern und dem Wissen über Steine, Pflanzen, Bäume und Menschen den direkten Zugang, weil der Zugang zu Gott als dem Urlicht offen war. Es gehörte zum Alltagsgeschehen, daß die Farben entsprechend der Lebenssituation benutzt wurden.

Dabei sind die Tiere nicht zu vergessen. Die Augen der Katzen enthalten eine eigene Farbgeschichte. In den siamesischen Katzen, den alten, weisen Tempeltieren, ist das Leuchten des Purpurblaus in den Augen enthalten. Die Katzen selbst sehen es nicht, aber sie haben ihr Wissen, das in ihrer zeitlosen, entspannten Ruhe geborgen ist. Ihr Menschen wiederum seht die Augen der Katzen, habt nicht das Wissen, nicht die zeitlose Ruhe – und erwacht. So wird euch Stufe um Stufe das Zusammenbinden eurer wiederbelebten Kenntnisse ermöglicht.

Bezogen auf das Blau könnt ihr am Wandel des Wirkfeldes Blau die göttliche Geschichte des Menschen ablesen: Purpurblau, Königsblau, fluoreszierendes Blau, Himmelblau, Marienblau und Wasserblau.

Im Prinzip Blau ist das Fluoreszierende das Zeichen göttlicher Schöpferkraft. Im Purpurblau war Blau ungeteilt. Im Königsblau wird der männliche Aspekt der göttlichen Schöpferkraft angesprochen und im Marienblau der weibliche Aspekt. Das heißt, daß im jeweiligen Blau der Aspekt des Erschaffens und Empfangens aus göttlicher Sicht ausgedrückt wird. Je mehr sich die göttliche Kraft des Menschen mit der göttlichen Energie des Blaus verbinden kann, um so wirksamer wird die Botschaft von Blau auf der Erde werden.

Schaut euch das Wirkfeld von Blau in der Pflanzenwelt an: Traubenhyazinthe – Vergißmeinnicht – und vor allem die Glockenblume in all ihren Tönungen.

Zusammenfassend teilt euch das Blau seine Botschaft mit:

„Ich bin göttliche Schöpferkraft. Ich bin mit dem Himmel verbunden. Ich bringe euch die Kraft der Erinnerung an die vergessene Göttlichkeit. Das ist mein Geheimnis."

KÖNIGSBLAU, MARIENBLAU UND ROT

An den beiden Blautönen Königsblau und Marienblau könnt ihr das Prinzip der männlichen Schöpferkraft und der weiblichen empfangenden Kraft erkennen. Manchmal wollt ihr gerade den euch vertrauten Aspekt unterstützen, damit ihr davon ganz „satt" werdet; manchmal werdet ihr gerade den euch fehlenden Aspekt wählen, um genügend „Basisnahrung" zu erhalten.

An der Blau-Kraft wird euch das Prinzip „Männlich-Weiblich" verständlich gemacht. Im Purpurblau war die Kraft des Urlichtes ungetrennt. Die Göttlichen hatten volle Erinnerung an das Urlicht. Das Urlicht braucht keine Geschlechtlichkeit und stellt sie auch nicht dar. So waren die Göttlichen einfach göttlich. Sie vertraten das Urlicht auf der Erde. Sie verankerten das Wissen über das Urlicht auf der Erde.

Einige der Göttlichen vergaßen später den Rückweg als Aufstieg und ließen sich zu sehr in Zeit und Raum nieder. Sie konnten die reine Kraft des Purpurblau nicht mehr erden. So wurde die Kraft des Purpurblau ins Königsblau verwandelt. Es war aus himmlischer Sicht wichtig, daß die Göttlichen die göttliche Schöpferkraft weiter erdeten. Damit blieb das Wirkfeld von Blau in seiner Funktion der Erde erhalten. So erhielten die göttlichen Söhne und Töchter die Kraft des Schöpfers im Blau auf bestimmte Weise. Im Königsblau wurde die Kraft gegeben, die dem Eindringen göttlichen Lichtes entspricht. Diese Kraft entspricht zum Beispiel der Kraft von Donner und Blitz, zum Beispiel der langen Durchhaltekraft. Es ist die Kraft, die zu Wandel und neuem Gestalten notwendig ist, um Evolution voranzubringen.

Im Marienblau wurde der Aspekt von Blau gegeben, der der Kraft des Empfangens, Aufnehmens und Aushaltens entspricht. Aus göttlicher Sicht enthält die weibliche Kraft, von Gott kreiert, sehr *viel* Kraft; die braucht sie auch, da sie ja mit dem Anstoß der Evolution durch die männliche Kraft auf irgendeine Weise umgehen muß. Beide Kräfte, die männliche und die weibliche, aufgezeigt am Prinzip der Farbe Blau, haben eine unterschiedliche Funktion. Beide sind nötig.

Der Mann Jesus, der zum Christus wurde, brauchte die direkte Kraft des Gotteslichtes, um diese Transformation im menschlichen Körper auszuhalten. Die Frau Maria, als Mutter des Gottessohnes, brauchte die direkte Kraft des Gotteslichtes, um nicht nur den Sohn zu gebären, sondern seinen ganzen irdischen Lebensweg begleiten zu können.

Vielleicht könnt ihr jetzt erkennen, daß der Mann nicht nur die männliche Schöpferkraft und die Frau nicht nur die weibliche Schöpferkraft des Lichtes empfangen. Beide Geschlechter brauchen beide Aspekte der Urlicht-Kraft; beide sind in ihrem Aspekt ausgeprägt und benötigen auch die Kraft, die für das andere Geschlecht notwendig ist. Wir sprechen nicht vom Vorgang der menschlichen Zeugung, sondern von den Prinzipien „Anstoßen" und „Empfangen". Sehr oft ist es notwendig, daß der Mann auf der Erde „empfangen" muß, so wie es auch sehr oft notwendig ist, daß die Frau „anstoßen" muß. Daher sind ja beide Aspekte von Blau erhalten: Königsblau und Marienblau. Und beide Blautöne haben in sich die Kraft des fluoreszierenden Blaus vereinigt, auch wenn dies mit irdischen Augen nicht zu sehen ist. Sowohl Urlicht als auch die ersten Göttlichen haben das Blau als Schöpferkraft auf die Erde gebracht. Neue Stufen von Göttlichkeit kreieren – das entspricht dem Königsblau. Sich erinnern an das Urlicht und sich nach ihm sehnen, sich einlassen auf neue göttliche Wege und sie durchhalten – das entspricht dem Marienblau.

Rot hingegen hat das Prinzip der „neuen Schubkraft", die von unten, von der Erde ausgeht. Es ist die Antwort der Natur und Kreatur, eigene Kraft zur Evolution beizutragen und in Bewegung zu setzen.

Wenn die Schöpferkraft vom Blau des Urlichts und die Schöpferkraft vom Rot der Urerde sich vereinigen, entsteht das tiefe Blau-im-Rot. Es kann sich wandeln bis zum Violett. Das ist nicht so sehr eine Frage der chemischen Zusammensetzung: daß Blau und Rot in der Vereinigung Violett ergeben, das ist euch ja bekannt. Hier geht es um das Verständnis der Wirkfelder dieser beiden Farben.

VOM PURPURBLAU ZUM PURPURROT

Ihr denkt, Purpur, das Rot, kommt von der Purpurschnecke. Das stimmt, aber lange vorher gab es bereits Purpurblau, und das war im Kristall, dem Stein, enthalten. Purpurblau wurde dann in Purpurrot verwandelt und von der Schnecke, dem Tier, getragen und abgegeben.

Purpurblau war das göttliche Zeichen der Gottessöhne und Gottestöchter, die direkt aus der QUELLE kamen und auf der Erde weiterhin direkt mit ihr in Kontakt blieben. Es war das Zeichen des direkten Abstieges des göttlichen Ursprungs, das Hinabsteigen Gottes auf die Erde. Die großen indischen Gottheiten Krishna, Vishnu, Shiva sind euch dafür als Beispiel bekannt.

Da die Kraft der direkt aus der QUELLE gesandten Gottestöchter und Gottessöhne nicht ausreichte, um die in ihrer Schwingungsfrequenz niederer werdende Menschheit auf der Erde „auf-zuhalten“, wurde das Purpurblau in Purpurrot verwandelt.

Purpurblau ist die Farbe des Königs, der eingeweiht wird, seinem Volk zu dienen. „Sein Volk“ ist nicht festgelegt. Er, der König, weiß, wer zu seinem Volk gehört. Das Blau war der Gruß des Schöpfers für den priesterlichen König, der der göttliche König war.

Das Purpurrot erhielt sich auf der Erde als die Kraft des Auf-Sprungs, Auf-Bruchs und Auf-Stiegs, und wurde – ohne Wissen über den Ursprung und Hintergrund der Farbe – von den Menschen, die zu dem irdisch sichtbaren Volk des irdisch sichtbaren Königs gehörten, benutzt, um den irdischen König auszuzeichnen.

Purpurrot ist also in seiner Wirkung die stärkende Farbe, die das Kraftfeld zwischen irdischem König und irdischem Volk ernährt und hält.

Der König, der zu Urzeiten Purpurblau erhielt, war nicht immer sichtbar. Er war von Gott eingesetzt. Das Blau *war* das Zeichen, daß dieser König regierte – ob das Volk es nun wußte oder nicht, daß es das Volk dieses Königs war.

Die hohen, weisen Menschen, die den Aufstieg in die Göttlichkeit auf der Erde lebten, bekamen von der QUELLE das Gold hinzu.

Der von Gott ausersehene König auf der Erde, der als „Sohn Gottes“ seinem Volk dienen soll und will, erhält also als Zeichen und Auszeichnung Blau-Gold.

Damit ist aus himmlischer Sicht ausgedrückt, daß dieser König im Namen des Höchsten seinen Dienst auf der Erde tut. Damit ist aus irdischer Sicht ausgedrückt, daß dieser König seine Aufgabe erkannt hat und diesen Weg des Dienstes, andere Menschen auf ihrem Seelenweg in ihre Göttlichkeit zu führen, angenommen hat.

So wie Blau (Purpurblau, Königsblau) und Gold eine Verbindung eingehen, so gehen König und Volk, Seele und Gott ihre Verbindung ein.

MAGENTA

Magenta ist das tiefe Rot, das in sich ruht und in Verbindung mit Blau, der vom Himmel geschickten Farbe, steht. Magenta ist nicht rot, nicht blau, nicht braun, nicht pink.

Magenta enthält eine zusätzliche Substanz, die wir als göttlich bezeichnen und die sich nicht in einer spezifischen Farbe ausdrückt. Diese göttliche Substanz war auch im Purpurblau enthalten. Deshalb gibt es eine Wesensgemeinschaft zwischen Purpurblau und Magenta.

Die QUELLE gab ursprünglich den direkt Herabgestiegenen das Purpurblau mit der göttlichen Substanz als Zeichen ihrer Herkunft. Purpurblau wirkte in den Göttlichen auf allen Ebenen aller ihrer Körper. Diese göttliche Substanz trug dazu bei, die Herabgestiegenen mit der QUELLE zu verbinden. Auch war diese Substanz eine Art „Nahrungsmittel“ und Heilmittel, da die reine Urkraft der QUELLE in ihr enthalten war. Als dann Purpurblau in Königsblau verwandelt wurde, wurde diese Substanz im Blau nicht mehr bewahrt.

Gerade an Purpurblau und an Magenta könnt ihr die Bedeutung des Abstiegs deutlich erkennen. Denn Abstieg bedeutet: die Einheit verlassen, um Materie zu werden. Damit beginnt der Prozeß, die göttliche Kraft der Urquelle zu verlassen und in die Gottferne zu gehen.

Der Verlust des Bewußtseins über die göttliche Nahrung im Purpurblau bewirkte den Verlust nach dem Bedarf dieser göttlichen Nahrungssubstanz in der Farbe. Das Bewußtsein sank, und damit sank auch die energetische Kraft vom Blau. Später beschloß die Urquelle, diese göttliche Substanz der Farbe Rot beizugeben. Denn Rot ist die Farbe, die mit dem Erdboden verbunden ist. Alle Lebewesen sollten die Kraft des Aufstiegs erhalten, um irgendwann ihre eigene Wende – vom Abstieg zum Aufstieg – vollziehen zu können.

So wurde zunächst der Erdboden selbst, später die Pflanzen, und dann die Tierwelt mit diesem Rot versehen. Denn Magenta war zu alten Zeiten auch eine Heilfarbe für die Tiere. Bei Magenta handelt es sich nicht um das Rot der Purpurschnecke. Denn Purpurrot hat einen leuchtend-erdigen Gelbton, während Magenta eine Nuance vom himmlischen Blau enthält.

Jetzt ist die Zeit reif, daß der Evolutionsgeschichte und dem Bewußtsein der Menschen die Bedeutung und die Heilkraft von Magenta wieder zugänglich gemacht werden.

Es ist bekannt, daß Magenta in Heilöl hineingenommen wird. Ebenso ist bekannt, daß Magenta im Regenbogen wahrgenommen werden kann.

Magenta ist in den Rottönen einiger Pflanzen enthalten. Diese Farbe taucht nicht so klassisch rein auf wie das Weiß der Kamille oder das Gelb des Huflattichs, das Blau des Eisenhuts oder das Rot des Mohns.

Auf Magenta müßt ihr euch mit der Fließenden Schau einstellen.

Und das ist die Botschaft seines Kraftfeldes:

„Für viele bin ich verborgen, dennoch aber vorhanden und wirksam. Ich diene durch meine göttliche Kraft, die euch im Aufsteigen und bei der Rückkehr in die eine große göttliche Heimat ernährt. Ich gebe euch Nahrung, Heilung, Mut, Leben. Spürt mich durch euren weichen Blick, erweitert euer Bewußtsein zur Fließenden Schau, Grenzen überwindend. Laßt mein Sein in euer Sein einfließen."

Das bedeutet: Ihr werdet schwerlich überprüfen können, ob ihr Magenta als dieselbe Farbe erschaut wie andere Betrachter; auch könnt ihr schwerlich überprüfen, ob Magenta auf den anderen Betrachter dieselbe Wirkung hat wie auf euch.

Denn das zeichnet die göttliche Substanz in Magenta aus, daß sie jedem so hilft, wie er es brauchen und wahrnehmen kann. Es ist wie mit der göttlichen Liebe: Wir nehmen sie unterschiedlich wahr und werden individuell durch sie geheilt.

Eine wahrhaft göttliche Farbe.

ROSA

Wie ihr wißt, erdet und trägt euch die Stärke der Regenbogenfarben; die Sanftheit der Pastelltöne hingegen hüllt euch schützend vom Himmel und vom Wasser aus ein.

Rosa gehört zu den sanften Pastelltönen, die euch Geborgenheit vermitteln. Rosa ist die sich öffnende Kraft der lächelnden Liebe, die Zärtlichkeit und fröhliche Sinnenhaftigkeit vermittelt. Rosa kann auch als der erste göttliche Hauch von Rot betrachtet werden.

Ihr kleidet Babys mit rosafarbener Wäsche. Babys und Kleinkinder haben noch den Zugang zur himmlischen Welt; sie sind mit der Seelenebene verbunden. Rosa schützt Babys im doppelten Sinn: Einerseits erhält Rosa den Babys ihren Zugang zu ihrer Welt der Einheit mit ihrem Seelenkörper, andererseits schützt Rosa die Babys vor zu abruptem Eintauchen in die schweren Frequenzen der Erde. Und die zu „schwerstrahlig" gewordenen Menschen gefährden die kleinen Kinder auf ihrem Weg von der Seelenheimat auf den Boden der Erde.

Wir können auch sagen: Rosa ist ein Zugangstor zum Seelenkörper. Die Seele resümiert in Weisheit alle Erfahrungen auf allen Ebenen aller Welten; ebenso ist die Seele mit göttlicher Liebe gespeist. Und Rosa vermittelt euch die Zärtlichkeit dieser göttlichen Liebe. Das ist der Schlüssel, um das Wirkfeld der Rot-Skala zu verstehen. Es ist die göttliche, bedingungslose Liebe, die sich euch im Wirkfeld von Rosa schenkt.

Betrachten wir das Besondere am Zusammenspiel von Rosa und Gelb. Während sich das göttliche Licht in seiner unendlichen Strahlkraft als Weiß darstellt, dehnt es sich im Universum als Gelb aus. Die Liebe ist die erste Ausformulierung des Lichtes. Dort beginnt das Gelb, eine Verbindung mit Rosa einzugehen. So habt ihr im Zusammenspiel von Gelb und Rosa die Wirkkraft des göttlichen Lichtes, das in der Liebe spürbar wird. Daher erreicht euch Rosa als göttliche Liebeskraft im Herzen. Euer Herz, das die göttliche Liebe spürt, antwortet mit der Bereitschaft, die göttliche Liebe weiterzugeben. Diese Liebe wird zum Liebes-Dienst und achtet nicht auf Erwiderung und Erfolg. Erst das tiefer geerdete Gelb und vor allem das tiefer geerdete Rot bewirken in euch das Bedürfnis, daß eure Liebe mit Gegenliebe beantwortet werden möge. Die Energien von Rosa bergen das Geheimnis der Verbundenheit mit der göttlichen Liebe. Taucht ein in rosa Strahlen – ihr werdet das göttliche Wirkfeld von Rosa als Herzensbad erfahren und nicht mehr über Liebe reden wollen. Eure Erfahrung wird sein: „rosa Wasser"; und wer könnte aus rosa Wasser einen einzigen Tropfen Nicht-Rosa oder einen Tropfen einer anderen Farbe verschenken? Wer sein Herz in Rosa badet, verschenkt sich, da er sich geborgen fühlt in der göttlichen Liebe. Diese Liebe wird nicht weniger, sondern mehr. Daher kann der Mensch sie bedingungslos verströmen.

Rosa hat neben der Liebeskraft auch die Kraft der Frische, der sanften Lebendigkeit. So werdet ihr im Verströmen eurer Liebe vom göttlichen Rosa erfrischend ernährt. Da ihr Menschen in eurem Erdendasein immer wieder erfrischt werden müßt, ist Rosa in den Pastelltönen des Himmels gespeist, im Unterschied zum Rot, das von der Erde gespeist wird.

Entdeckt das Rosa im Morgen- und im Abendrot. Selbst wenn eure Augen das Rosa dort nicht erkennen, wirken seine liebenden, göttlichen Strahlen erfrischend auf euch. Denn solange ihr auf der Erde seid, erlernt und vermehrt ihr die immerwährende, aus der QUELLE gespeiste Liebe. Die Liebe der göttlichen QUELLE braucht sich nie zu regenerieren, da ihr Sein im Fluß ist: sie *ist* Liebe.

Ihr Menschen habt auf der Erde den Dienst übernommen, die göttliche Liebe zu erden. Dies hängt vom Grad eurer Bewußtheit und Wachheit ab. Da ihr mit der in euch wachsenden göttlichen Liebe auf die irdischen Vorgänge antwortet, muß eure Liebesfähigkeit immer wieder von der QUELLE gespeist werden.

Das ist die Botschaft von Rosa:

„Ich bin der klarste Ausdruck göttlicher Liebeskraft. In meiner Liebe seid ihr mit eurer QUELLE verbunden, die euch speist, und deren Liebe sich durch eure Herzen auf der Erde verströmt. Ich ernähre und erfrische euch und erinnere euch an eure Zugehörigkeit zum göttlichen Licht."

Die Strahlen von Rosa stabilisieren eure Liebesbereitschaft.
Das Wirkfeld von Rosa-Gelb stabilisiert eure Liebesfähigkeit.

Betrachtet die blühenden Sträucher und Bäume im frühen Stadium des Frühlings: Seidelbast und Magnolie blühen rosa, bevor sich ihre grünen Blätter zeigen. Und die rosa blühende Kastanie! Das rosa Kleid in der Natur kündet von der göttlichen Liebe, die sie im Winterschlaf nährte und während des Erwachens nun erfrischt. Rosatöne sind die Liebes- und Lebensfarben, die vom Aufbruch in ein neues Jahr mit Knospen, Blüten und Früchten künden.

LACHS

Lachs unterscheidet sich von Rosa dadurch, daß Rosa „von oben“ geschickt ist, während Lachs *auch* vom Rot, also „von unten“ gespeist wird. Naturwissenschaftlich sind Rosa und Lachs auf der Rot-Skala anzusiedeln. Rosa hat die Zartheit der Pastelltöne, die euch einhüllend und sanft ernährend zuströmt.

Lachs hingegen hat eine starke Kontur, mitgespeist vom erdenden Rot und seiner Schubkraft, aber eben doch mit einer ganz eigenen Ausstrahlung.

Das Wirkfeld von Lachs zeugt von durchgestandener Wachstums- und Erlösungsarbeit. Die Anstrengung, das tiefe Tal zu durchschreiten, liegt hinter euch. Erschöpfung wird euch überkommen. Und neue Erfrischung sowie ein Gefühl von reiner Läuterung stellen sich ein. Diesen Vorgang beinhaltet das Wirkfeld von Lachs.

Und das ist seine Botschaft:

„Ich atme aus nach immensen Wachstumsschritten; ich erhole mich und bin Erlösung.“

Allen Menschen, die sich in einem Nachkriegszustand befinden – das kann Krieg mit sich selbst, mit anderen oder mit Völkern gewesen sein, – sind lachsfarbene Rosen zu wünschen. Durchschreitet lachsfarbene Rosenfelder und atmet ihre Farbe ein. Spürt die Strahlen lachsfarbener Blumen – es können auch Lilien sein –, nehmt sie tief in euch auf. Sie werden euch durch ihr Lachs erfrischen.

Ihr könnt dies auch als Visualisierungsübung durchführen.

PINK

Pink befindet sich zwischen Rosa, das eine Verbindung mit Weiß eingeht und Violett, das sich mit Blau verbindet. Unter „Pink“ verstehen wir das kräftig leuchtende bläuliche Rot.

Pink ist der Treffpunkt zwischen dem Wirkfeld von Blau, das von dem Himmel kommt, und dem Wirkfeld von Rot, das von der Erde kommt.

Pink kann leuchtend grell oder sanft ausfallen; dies sind Tonnuancen, die den Klang des Strahles von Pink nicht verändern.

Knapp gesagt, heißt die Botschaft von Pink:
„Auf den Punkt gebracht“, oder: „So ist es.“

Spüre selbst, *was* „auf den Punkt gebracht“ ist oder *was* „so“ ist.
Es handelt sich bei Pink um das Zusammentreffen von der Göttlichkeit – ob bewußt oder vergessen – und der erdenden Schub- und Stoßkraft, das Neues bewirkt. Ob das Zusammen-Treffen dieser beiden unterschiedlichen Kräfte integrierenden oder zusammenprallenden Charakter hat, bleibt offen. Dieser Prozeß des Zusammenspiels zweier Kräfte ist in Pink enthalten. Über den Inhalt dieses Prozesses sagt uns Pink zunächst nichts. Dieser muß entschlüsselt werden, und das hängt vom jeweiligen Menschen, seiner Situation und seinem Bewußtsein ab.

An Pink wird deutlich, daß die Wirkkraft einer Farbe nicht statisch-plakativ verstanden werden kann. Farben haben lebendige Ausstrahlung und wirken auf den lebendigen Menschen. So entsteht ein gemeinsames lebendiges Energiefeld, in dem sich ein Prozeß entwickelt.

Die Kraft von Pink sollte nicht unterschätzt werden. Der Mensch, auf den das Wirkfeld von Pink Einfluß nimmt, muß die in Pink enthaltenen Wirkkräfte in sich selbst erfahren und ausbalancieren. Der blaue Strom und der rote Strom, so könnte man sagen, sind gegensätzliche Kräfte; sie brauchen sich aber, denn so wie Blau „herabsteigt“, ist Rot am „Aufsteigen“. Es ist die Ab- und Auf-Linie genauso wie die Auf- und Ab-Linie, die im Pink lebendig wirken. So geht es beim Pink um das Zusammenspiel gegensätzlicher Kräfte, um das Ausbalancieren und Integrieren zu einem Ganzen.

Meditiert den Unterschied zwischen Pink und Violett. Nähert euch dem Pink in der Meditation, indem ihr vom Rosa aus auf das Pink zugeht. Ihr könnt auch vom Gold über das Violett auf das Pink zugehen. Ihr könnt aber auch direkt auf das Pink zugehen. Probiert alle Wege aus, um die Pink-Kraft in euch zu erfahren.

VIOLETT

Aus irdischer Sicht ist Violett eine Mischung aus Blau und Rot.

Aus kosmischer Sicht laden wir euch ein zu einer Übung, in der ihr euch ein gleichseitiges Dreieck vorstellt. Die obere Spitze des Dreiecks enthält Königsblau, die linke Spitze von eurer Sicht aus vertritt Marienblau, und die rechte Spitze von eurer Sicht aus ist rosa. Königsblau, Marienblau und Rosa bewegen sich nun zur Mitte des Dreiecks aufeinander zu – und in ihrem Treffpunkt enthalten sie die Qualität des Wirkfeldes von Violett!

Denn Königsblau hat die von der Urquelle mitgegebene göttliche Kraft; Marienblau vertritt die Erinnerung an und die Sehnsucht nach der Rückkehr in die göttliche Heimat; und Rosa strahlt die bedingungslose göttliche Liebe auf der Erde aus. Das ist das Wesen des Heiligen Geistes, dessen uraltes Symbol das Dreieck ist: Göttlichkeit aus der QUELLE, Erinnern dieses Ursprungs – und Liebe. Im Innenfeld dieses Dreiecks entwickelt sich also die Kraft, die dem Violett entspricht. Es ist die Feuerflamme Gottes, vom explosiven Schöpferlicht gespeist, vom Sonnengold der Läuterung durchdrungen und mit der Kraft des liebevollen Dienens ausgestattet.

Warum zieht es euch zu den violetten Tönen? Weil ihr der Rückgebundenheit zur göttlichen QUELLE nahe seid!

Die unsichtbaren ultravioletten Strahlen der Sonne, die euch heilen *und* verbrennen können, künden von der Kraft des Heiligen Geistes als dem Feuerfunken Gottes. Die ultravioletten Sonnenstrahlen können euch mit einem Schlag durchfahren, erfüllen und euch einen Blick in die feurig-zündenden schöpferischen Welten des Uranfangs gestatten.

Transformation im Kraftfeld von Violett ist nicht lieblicher Wandel, sondern kraftvolle und übersprühende Wandlung. Diese Art Transformation kann über Zusammenbruch, Auflösung oder grundsätzliche Änderung der Identität führen. Diese Art der Transformation kreiert, indem sie zerstört. Das ist die eine Art von Violett. Mit seiner transformativen Kraft, die dem Wesen des göttlichen Feuerfunkens entspricht, geht ehrfurchtsvoll um!

Die andere Art des Kraftfeldes von Violett ernährt sich vom läuternden Gold der Sonne und dem göttlichen Gold der Vollkommenheit. Wenn ihr diese Kraft „tröpfchenweise“ zu euch nehmt, werdet ihr behutsam mit der Kraft des Heiligen Geistes aufgebaut. Diese Art Läuterung wird euch aufbauen und nicht zerstören.

Das also ist die Botschaft von Violett:
„Ich bin vielseitig, denn in mir sind die Kraft der Urquelle, die Erinnerung an die göttliche Heimat und die Liebe des Dienens. Ich berge auch die Kraft zur Läuterung in mir. Ich bin das Feuer Gottes. Ich begleite euch auf dem Weg eurer Wandlungen.“

Je dunkler Violett ist, um so kraftvoller ist sein Wirkfeld.
Im Farbenlicht des Veilchens badet euch. Vom Violett der Iris laßt eure Augen trinken. Das Violett der Herbstzeitlosen zeigt euch das liebevolle Dienen, das schon Vergänglichkeit ankündigt. Im Violett des Knabenkrauts habt ihr die starke Kraft des Urlichts, das sich mit dem erdenden Rot verbunden hat.

Geht behutsam mit dem feurigen Sonnenviolett um. Der Heilige Geist weiß, wann Seine Zeit ist, Menschen und Erde zu erleuchten.

GOLD

Das Universum gab den aufsteigenden göttlichen Menschen die Farbe Gold.

Es gibt für den Seelenweg des Menschen zwei Wege, das Wirkfeld von Gold zu erfahren.

Der eine Weg ist Gold als das statisch Erlebte: „Es ist so, wie es ist.“ Das ist das Zeichen, daß der Mensch noch nicht hinter die Weisheit geschaut und kosmisches Wissen erhalten hat.

Der zweite Weg, Gold zu erfahren, heißt: „Es ist so, wie es geworden ist.“ In dieser Haltung drückt sich der Prozeß der Läuterung aus. Auf diesen Menschen wirken die Energien des Goldes so, daß sich der Mensch in seinen vergangenen und gegenwärtigen Erlebnissen lebendig erweitert hat.

Denn das ist die Botschaft von Gold:

„Ich lebe, indem ich schmelze und neue Formen bilde. Ich strahle in mir und von innen nach außen. Ich werde gewandelt, und ich wandle mich. Mein Sein besteht im Prozeß der Läuterung.“

Und dieser Vorgang geschieht mit der göttlichen Seele auf der Erde: mit der Kraft der göttlichen QUELLE erfährt und überwindet dieser Mensch den Prozeß des Wandels, bis er ins Meer der Weisheit und der Liebe eintaucht.

Pfingstviolettblau wird der Heilige Geist euch erscheinen und seine goldenen Worte herabträufeln. Silbern fühlt ihr den Klang in eurem Ohr, aber golden ist Sein Wort, das euch umgibt.

Im übrigen ist Gold nicht im Bergkristall gespeichert, da seine Schwingung zu „massiv“ ist und den Kristall sprengen würde. Dieser könnte dann eine seiner Aufgaben, nämlich die Farben zu bewahren, nicht wahrnehmen.

SCHWARZ

Schwarz ist eine sehr komplexe Farbe.

Wenn ihr den Regenbogen betrachtet, seht ihr, daß Schwarz nicht in ihm enthalten ist. Dagegen ist Weiß als die „Summe“ aller Regenbogenfarben und als „Gegen-Farbe“ zu Schwarz – wenn auch unsichtbar – in ihm enthalten.

Kosmisch betrachtet ist wichtig, daß Schwarz nicht im Bergkristall verankert ist. Erinnert euch, daß Purpurblau als Farbenergie im Bergkristall verankert ist, ohne noch auf der Erde als Farbe zu sein.

Schwarz „pur“ ist zwie-lichtig: ihr meint, ihr seht „Nichts“. Das Wirkfeld von Schwarz besteht einerseits in seiner Orientierungslosigkeit, andererseits in seiner Verborgenheit.

Orientierungslosigkeit meint folgendes: Befindet sich dein Seelenfeld im Wirkungsbereich von Schwarz, so kannst du erleben, daß du nicht weißt, wo die Sonne aufgeht, wo der „Orient“ ist. Du erlebst dich bar einer Struktur und einer Richtung. Du erlebst „nichts und alles“ – stehst, schwebst, fällst, und dein Bewußtsein „tappt im dunkeln“. Deine Körper reagieren mit Angst, Zweifel, Ratlosigkeit, Unwissenheit. Du erlebst „Alles“ in der Totalität des Wirkfeldes von Schwarz. Schwarz befindet sich im Bereich des Plakativen, auch im Kontrast zu Weiß, als Rahmen oder als Prinzip der Gegensätzlichkeit. Irdisch gesprochen sagt der Mensch, der sich mit Schwarz umgibt: „Ich will mich zeigen im Kontrast von Bekanntem und Unerkanntheit; ich markiere meine nichtgezeigte Seite.“

Die andere Seite des Erlebensfeldes von Schwarz ist die Verborgenheit. Verborgenheit meint, daß dein Seelenfeld eine nicht geahnte, nicht vorstellbare und nicht auszudrückende Geborgenheit erlebt. Diese Art Geborgenheit muß vom Innenfeld der Farbe Schwarz her erlebt werden. Diese Geborgenheit kann nicht durch Betrachtung von außen erlebt werden. Die Art dieser Geborgenheit ist nicht im Vergleich zu Weiß oder Bunt oder anderen Farben zu beschreiben. Der Seelenzustand von Geborgenheit im Sinne von Verborgenheit, den das Wirkfeld von Schwarz hervorruft, drückt sich durch Schutzbedürfnis aus. Diese Art Schutz braucht der Mensch, der seine Schmerzen nicht zeigen oder preisgeben und der sich selbst vor neuen und noch mehr Schmerzen bewahren will. Daher haben Menschen die Farbe Schwarz als Trauerfarbe gewählt. Ihr kapselt euch mit dem Schwarz ein und drückt aus: „Laß mich in Ruhe; ich verberge meine Schmerzen; ich will nicht erreichbar sein."

Schwarz will also entschlüsselt werden.

Das ist seine Botschaft:

„Mein Dunkel ist unfreiwillige Orientierungslosigkeit und freiwillig gewählte Verborgenheit, die ihr wahres Licht nicht preisgeben will."

Wer mit Schwarz umgeht, ist der Meinung, seine Souveränität auszudrücken, indem er durch Schwarz eine Pointe setzt. Dabei weiß dieser Mensch gar nicht, daß er den verborgenen Anteil des Wirkfeldes von Schwarz im „Nichts und Alles" selbst noch nicht entschlüsselt hat. Wer sich in Schwarz betrachten läßt, will sich entschlüsseln lassen oder verborgen bleiben – das ist eben die Frage. Und wer im schwarzen Feld ist, lebt zwischen Orientierungslosigkeit und Verborgenheit. Und eines Tages wird er sich selbst noch entschlüsseln.

Schwarz muß durchlebt werden. Ihr müßt „ins Schwarze" treffen, das heißt, alle eure Körper müssen sich im Schwarzen treffen. Im dunklen Schwarz warten eure Körper auf Gleichgewicht und Harmonie. Denn das Dunkel ahnt, daß es im Aufstieg erleuchtet werden wird. Daher durchschreitet ihr immer neue Dunkelheiten, bis ihr erkennt: Es gibt keinen Ort im göttlichen Universum, der nicht göttlich ist, der von Gott übersehen oder nicht durchleuchtet wird.

Es ist eine Frage von Erfahrung und Erkenntnis, eine Frage eures Bewußtseins, wann sich euch Schwarz entschlüsselt: „Siehe, ich bin die göttliche Einladung, die für dich tiefste Möglichkeit, erleuchtet zu werden."

So wie ein Streichholz einen großen, dunklen Raum erhellen kann, so kann die Dunkelheit deines Seelenweges erhellt werden. Und das wird der Aufstieg in deine göttliche Heimat sein.

Höre: Das Licht scheint im Verborgenen. Nimm Schwarz als Angebot des Durchgangs durch Zwielichtigkeit und Orientierungslosigkeit an; erfahre die verborgene Geborgenheit, die dir die Illusion nimmt, Schwarz als Schutz oder Provokation sei das Ende deines Seelenweges. Das Licht wird auch diese vorübergehenden Hüllen deines Zustandes irgendwann erleuchten, so daß du aus dem Schwarz heraustreten und eine neue Richtung nehmen kannst.

WEISS

Weiß ist der „Gegen-Spieler“ von Schwarz, der andere Pol auf der Skala von Geborgenheit und Weite, Verborgenheit und Klarheit. Daher will Weiß ebenso wie Schwarz entschlüsselt werden.

Während Schwarz das Verborgene beinhaltet, ist das Zeichen von Weiß mit Klarsicht zu umreißen. Weiß ist das Klare und Durchschaubare.

Im Bergkristall ist Weiß als das Klare und als das Transparente vorhanden. Da Weiß in gewisser Weise keine Kontur hat, beherbergt es Orientierungslosigkeit wie Schwarz, aber im Sinne von Weite, Befreiung und Endlosigkeit. Im Weiß wird nichts verborgen, alles ist zu erschauen, und alles ist durchschaubar. So ist verständlich, daß Weiß eine der hohen himmlischen Farben ist, die alle eure Körper anhebt. In seiner Art von Transparenz ist im Weiß aber auch gleichzeitig seine Statik und seine Undurchschaubarkeit enthalten. Weiß ist die Fülle, die Leere und das Nichts – wie Schwarz. Aber im Weiß geben sich die Fülle und die Leere und das Nichts einen Namen und geben sich zu erkennen, während der Name von Schwarz verborgen ist. Auf dem Wege der Läuterung, der euch näher zu eurer Seele führt, wird die Sprache von Weiß immer vertrauter und bekannter. Weiß beinhaltet all die Wege der Erlösung, die geschehen und abgerundet sind.

Daher kann das Weiß des Gänseblümchens, das die Kraft der Planetenverbundenheit hat, euch so erfreuen; daher erlebt ihr den Jasmin und die Rose in ihrer weißen Blüte als göttliche Reinheit. Dieses Weiß ist Ausdruck des geläuterten Weisheitsweges. Es gibt aber auch das Weiß als Prozeß des aufgelösten Dunkels, als die Reinigung von Schmutz. Das ist der erste Wachstumsschritt, daß Dunkelheit auf allen Ebenen aufgelöst werden will. Erinnert euch an das Weiß im Krankenhaus, in Wänden, Möbeln und in der Personalkleidung. Jeder Schritt in Richtung Weiß bringt euer Bewußtsein mehr in Richtung Klarheit, Durchschaubarkeit und Weisheit.

Das ist die Botschaft von Weiß:

„Ich lasse alle Dunkelheit und Unerlöstheit hinter mir. Ich erlebe mich in wacher Bewußtheit und Klarheit. Ich verströme mich in die Weite. Mein Sein ist durchschaubar. Es gibt nichts zu verbergen. Ich bin der Weg ins Licht."

Am Himmel hängen weiße und dunkle Wolken; die einen befreien, die anderen belasten euch.

Betrachtet den Schnee: aus der Höhe kommend, noch unberührt von irdischen Einflüssen verbreitet er höchstes Weiß – grell, rein, klar, flimmernd, nicht statisch; und die Sonne trägt dazu bei, daß ihr das leuchtende Schimmern all der bunten Farbanteile erkennen könnt. Dies ist euch vom Farbspektrum der Regenbogenfarben bekannt, daß alle Farben zusammen Weiß bilden. Wir können auch sagen, daß Weiß alle Farben beinhaltet. Da seht ihr, wie diese Bedeutung von Weiß im Bergkristall verankert ist. Er ist klar, er birgt Weiß und auch alle anderen Farben!

Betrachten wir das Wirkfeld von Weiß, so strahlt es geläuterte Reinheit, durchschaubare Klarheit, unberührbare Weite aus. Weiß ist ein Gruß himmlischen Lichtes, der euch vertraut ist, da eure Seele in diesem Farbbereich ihre Heimat hat.

Betrachten wir das Wirkfeld von Weiß in Verbindung mit dem Wirkfeld einer anderen Farbe, zum Beispiel Weiß im Zusammenspiel mit Grün. Mit der himmlischen Klarheit von Weiß verbindet sich die heilende Kraft von geerdetem Grün – eine göttliche Dualität. Daher findet ihr weiße und grüne Farbtöne im Frühling: Die vom Winterschlaf und den rauhen Anforderungen von Kälte, Wind und Regen erwachende Natur zeigt sich im schönsten Kleid der geläuterten Klarheit. Gänseblümchen, Magnolie, weiße Blüten der Obstbäume und die weißblühenden Sträucher künden von dieser Auferstehungskraft in der Natur. Hingegen begegnen sich Weiß und Braun im Wirkfeld von Klarheit, Dunkelheit und Ausdauer. Höchste Himmelskraft kann geerdet werden, wenn Braun als Ausdruck der kraftvollen Erde dem klaren Weiß begegnet.

Im Spargel erfahrt ihr den Gruß des Lichtstrahles, der sich tief und lange in die Erde versenkt, um mit ihr einen Prozeß der Begegnung und Lebendigkeit einzugehen. Energetische Ausdauer und Durchhaltekraft der Erde trugen dazu bei, daß sich uns der Spargel im Spätfrühling in seinem weißen Kleid zeigt. Lichtkraft und Ausdauer haben sich hier wunderbar miteinander verbunden.

Haltet euch unter blühenden Frühlingsbäumen auf. Laßt euch von der Fülle und der Zartheit des Wirkfeldes der zartweißen und klarweißen Blütenblätter ernähren. Sie tragen das Seelenkleid, das ihr mit euren Augen erkennen könnt; über eure Augen werdet ihr euch mit dem Seelenkleid der Pflanzen verbinden, und euer eigenes Seelenkleid wird davon ernährt sein.

Gerade am Beispiel des Frühlings wird der Zusammenhang von Farbe, Duft und Ton sehr deutlich. Nehmt die Wirkfelder der Farben wach in euch auf.

Nehmt als Abschluß zur Farbe Weiß noch den Gruß der weißen Taube, des göttlichen Boten, entgegen.

GELB

Das ist Gelb: ein Gruß vom ersten Abstieg des göttlichen Lichts in die Sphären außerhalb der Urquelle. Aber irrt euch nicht: Das göttliche Licht ist nicht das ruhende Weiß, sondern gleißend, flimmernd, lebendig – sagen wir heute: in weißgelb schimmernden Tönen! Euer göttliches Auge wird *alle* Farben – alle! – im göttlichen Licht erblicken. Für das menschliche Auge zubereitet dehnt sich Weiß im Gelb aus. Und das bedeutet: Ausdehnung des göttlichen Lichtes in allen seinen Facetten und daher vom Zitronengelb bis zum Sonnengelb und Goldgelb.

Das Zitronengelb ist der frische Duft des Erwachens in das Lebendige hinein. Rein und offen ist, wohin das Wirkfeld vom Zitronengelb euch führt. Es ist klar, kühlend und erfrischend. So wie ihr nach der Dunkelheit der Nacht und physischer Bewegungslosigkeit im Schlaf am Morgen eure Glieder reckt, so reckt sich das Zitronengelb aus dem Weiß heraus. Es erwacht! Es muß auch zum Erwachen gebracht werden. Das Himmelschlüsselchen im Frühling läutet euch das reine, kühle, erfrischende Erwachen ein. Dankt dem Zitronengelb, daß es sich entfalten will. Steigt doch das Weiß in Form des Zitronengelbs herab!

Vom göttlichen Urlicht ausgesendet könnt ihr im Sonnengelb die Kraft der Sonne erfahren. Die Sonne, die der Erde Licht als Helligkeit und Licht als Nahrung bringt, ist euer sonnengöttlicher Planet. Gott teilt sich sowohl als Licht als auch als Gott über die Sonne mit. „Sonnengötter", Söhne des Lichts, heißen die Göttlichen auf der Erde.

Die Sonne bringt euch aber auch Wärme, Licht, Helligkeit und Nahrung. Kein Lebewesen könnte ohne diese Sonnenkräfte gedeihen. Ihr müßt die Sonnenkraft ausbalancieren: zuviel Helligkeit schadet euren Augen und blendet euch; zuviel Wärme schwächt eure Körper und schadet eurer Haut. Daher wird der Erdball von kosmischer Hand behutsam an die Sonne herangehoben, damit euch nicht geschadet wird. Keine Vorgänge im göttlichen Plan haben schädliche Wirkung!

Also, das Sonnengelb belichtet euch mit Wärme. Diese Wärme ernährt euch, umrundet euch, macht es euch wohlig und rund. So wie das Eigelb im Ei vom gleitenden Weiß geschützt wird, so gibt euch das gleitende Sonnenlicht Schutz. Ihr spürt es wohlig im Magen, in eurer Lebens- und Körpermitte; das Sonnengelb trägt zu eurem Wohlbefinden bei. Die heilende Kraft der Sonne stützt euer Lebensgefühl.

Das Sonnenlicht hat noch eine andere Seite: Die Sonne umrundet die Erde, gibt dem Mond ihr Licht, so daß wir im Mond wie in einem Spiegel das Sonnenlicht erkennen können. Du bist wie ein Spiegel, in dem wir das Sonnenlicht erkennen. Das ist die Kraft des Sonnenlichts, daß du in ihm dein eigenes Licht erfährst.

Die Sumpfdotterblume und das Innere der Löwenzahnblüte schenken dir das Sonnengelb. Bade dich im Licht des Sonnengelbs, und du wirst deine göttliche, lebendige, heilsame Lebensmitte erfahren.

Je mehr du die Sonne nicht nur als Herrscher der Planetenwelt, sondern als göttlichen Abglanz erfährst, um so mehr wirst du das Kraftfeld des Gelbs als Gelbgold erfahren. Der Weg vom Gelb zum Gold heißt: irdische Lebensfreude als göttliches Dasein zu spüren. Werde Sonnengelb, du Kind des Lichts, und dein Wirkfeld Gelb wird mit Gold verschmelzen, so wie du dich mit Gold verschmelzen wirst, indem du den Weg der Läuterung gehst.

„Das ist meine Botschaft“, sagt das Gelb:

„Ich zeige euch in meinem Kleid die Töne der Läuterung eurer Seele. Meine Zitronenfrische kühlt und klärt euch bei eurem Erwachen; mein Sonnenton wärmt und ernährt euch mit göttlicher Kraft; meine gelbgoldene Seite erfreut euer göttliches Erdendasein in eurer Körpermitte.“

Vollziehe den Weg vom Weiß in das Zitronengelb, hinüber zum Sonnengelb und hinein in das Goldgelb. Nimm das göttliche Licht über die Sonne in dich auf. Betrachte deinen Lebensweg an den Stufen der Lichtfarben. Steige herab vom Weiß über die Gelbtöne, und laß dein Licht leuchten wie eine Kerze. Die Kerze selbst mag rot, weiß, blau, gelb sein – ihre Flamme leuchtet immer in Gelbtönen. Je weiter und weicher dein Auge reicht, um so deutlicher wird die Flamme in goldgelben und gelbweißen Tönen herausleuchten. Sei wie die Kerze. Leuchte vom Goldgelb bis zum gelbweißen Ton und künde vom göttlichen Urlicht.

Am Wirkfeld der Sonne könnt ihr verstehen, was wir mit dem Wirkfeld der Farben meinen.

Es sind die Ausstrahlungen der Sonnenkraft, die alle eure Körper beleben, erwärmen, ernähren – aber auch gefährden. Ihr seht diese Strahlen nicht, aber ihre Kraft kann euch in wenigen Minuten nützend oder schadend durchdringen.

Und so ist es mit den Farben: Sie haben ihre eigene Ausstrahlung. Für euer Auge unsichtbar, aber spürbar bildet sie ein eigenes Kraftfeld. Und dieses Kraftfeld enthält die für alle Lebewesen wichtigen Lebensprinzipien. Das ist der Gruß der wunderbaren Schöpferidee!

ORANGE

Orange enthält Anteile von Weiß, Gelb und Gold. Das heißt: von dem göttlichen Licht als der Reinheit (Weiß), diesem Weiß in der Ausdehnung (Gelb) und dem Weg der Läuterung (Gold) sind Anteile im Orange zu finden.

Und doch hat Orange auch seine eigene Botschaft. Die in der heutigen Zeit abgestiegenen Göttlichen drücken in dieser Farbe ihr ICH BIN aus.

Das leuchtende Orange sagt:

„ICH BIN direkt aus der QUELLE. Durch den Läuterungsprozeß (Gold) bin ich aufgestiegen in die QUELLE und komme nun in leuchtender Reinheit zu euch Menschen auf die Erde zurück; ich steige wiederum ab, um euch vom göttlichen Licht, eben wirklich vom LICHT, zu künden. Das Licht hat in mir *gezündet* und lebt unauslöschbar. Ich bin bereit, dieses Licht auf der Erde auszubreiten und mich zu verströmen."

Indem wir uns vom Orange ernähren, lernen wir, unserem Läuterungsprozeß zu vertrauen und im Prozeß des Aufsteigens selbst göttliches Licht zu werden.

Das unterscheidet den Menschen von den göttlichen Herabgestiegenen. Denn sie bringen diese Botschaft von Orange mit, weil sie den Läuterungsweg abgeschlossen und überwunden haben, während sich die aufsteigenden Menschen von der unberührbaren Liebe der Göttlichen auf dem Weg der Heimkehr in das Licht ernähren.

Daher tragen Mönche heute oft das matte Orange. Hingegen ist das tiefe besondere Rot, das spirituelle Schüler an ihren „Meister" band und bindet, ein Weinrot, und dieses ist von der Erde; „Meister" (besser: Lehrer) und Schüler waren und sind auf demselben Weg. Aus himmlischer Sicht waren und sind sie alle „Schüler", weil sie in der spirituellen Schule auf dem Weg des Aufstiegs in die Göttlichkeit waren und sind. Die wenigen Göttlichen aber, die heute Orange tragen, kommen direkt aus der QUELLE und gehen freiwillig den Weg des Menschen, um ihm das Beispiel des Rückwegs zu geben. Das zeichnet den Avatar im Unterschied zum irdischen Lehrer aus: Der Avatar *ist* Licht, und der Lehrer *wird* Licht. Jeder ist Lehrer – aber nicht jeder ist Avatar.

Hütet das Orange in den Pflanzen.

Versteht die Botschaft der orangenen Lilie; atmet den Duft des orangenen Stiefmütterchens. Grüßt den orange-braunen Schmetterling in seinem Vorüberfliegen.

Freut euch am Eichhörnchen. Denn Orangebraun ist der Ausdruck der Erdung dieses kostbaren Lichts. Die Erdenbürger haben es nötig, daß Orange im Prinzip der Ausdauer, im Braun, vorhanden ist.

Stiefmütterchen, Schmetterling, Eichhörnchen – ihr spürt die Zartheit und Flüchtigkeit des Wirkfeldes von Orange. Es ist ein kostbares und für eure Augen ein zeitlich begrenzt vorhandenes Kraftfeld; aber es *ist* vorhanden – und wirksam.

GRAU

Grau hat eine bestimmte Art von Klarheit, die euch nicht immer ins Bewußtsein kommt.

Grau sagt:
„Ich weiß, daß ich mich noch nicht entschieden habe."

Grau hat das klare Bewußtsein, daß seine Entscheidung noch aussteht. Die Gründe dafür sind nicht im Grau zu suchen, zum Beispiel, weil es erst bestimmte Blockaden auflösen müßte, oder weil es Angst gäbe, in die Orientierungslosigkeit (Schwarz) oder in das Licht (Weiß) zu gehen. Die Gründe für das Noch-nicht-Entschiedensein von Grau werden durch die und mit den anderen Farben, die Grau umgeben, beantwortet.

Es gibt aber eine ganz bestimmte Frage an das Grau selbst: Bist du, Grau, das Opfer? Oder bringst du, Grau, ein Opfer in deiner Haltung der Noch-nicht-Entscheidung? Oder wählst du, Grau, ganz bewußt diesen Weg und hältst die Situation der Nicht-Entscheidung aus? Diese inneren und verborgenen Themen des Wesens von Grau vermitteln uns sein Wirkfeld.

Es ist also wichtig, daß ihr bei Grau ganz bewußt hinschaut und euch dabei selber klärt. Bei der sanftgrauen „Lampe" des abgeblühten Löwenzahns überprüft euch. Sagt ihr: „Ach, schon wieder ist die Blütezeit des Löwenzahns beendet!" oder sagt ihr: „Auf, ihr Samen, fliegt und grüßt alle Blumen von eurer Schönheit!"

Grau bietet euch Schutz, im Zustand der Nichtentschiedenheit zu verweilen, um euch für den nächsten Entscheidungsschritt zu stärken. Achtet aber darauf, daß dieser Zustand nicht zu einem Dauerzustand der Unentschiedenheit wird! Denn Grau verlangt nach einer Klärung – irgendwann.

Warum wohl passen Grau und Grün oder Grau und Rot so gut zusammen?
Grau bietet euch auch Tarnung. Nicht jeder muß wissen, was in euch vorgeht und zu welchem Schritt ihr euch entscheiden werdet, solange die Entscheidung nicht gefallen ist.

Haltet den Zustand von Grau aus, indem ihr in der Klarheit und der bewußt und freiwillig gewählten Situation im Vorfeld der Entscheidung bleibt. Dort reift der Entschluß.

SILBER

Das Kraftfeld von Silber trägt den fragenden Namen:
„Ist der Schein das Sein? Ist der Schein das Nichtsein?“

Silber hat einen feinen, zarten, hohen Farbklang. Silber ist auch im Bergkristall verankert, da Silber mit Weiß und Klartönen eine harmonische Verbindung eingeht.

Denn Weiß und Klarton, der eine Form von Weiß ist, kooperieren durch ihre Reinheit und Klarheit mit der Frage nach dem Sein, dem Nichtsein und dem Schein.

Silber selbst bewertet nicht und beantwortet auch nicht; das Wesen von Silber vertritt diese Frage, die eine Herausforderung ist. Sie wirkt auf das menschliche Auge wie eine Faszination.

Das Kraftfeld von Silber nimmt Beziehung auf mit dem Sein und mit dem Nichtsein. Das Bewußtsein des Menschen wird angesprochen und muß reagieren. Meist wird sich der Emotionalkörper mit Freude oder Ablehnung einschalten, und der Denkkörper wird eine Bewertung von Silber vornehmen. Diesen Prozeß löst das Wirkfeld von Silber aus. Das ist sein Beitrag zur Reinigung und zur Erhöhung des menschlichen Bewußtseins. Daher sind kultische Geräte in Gotteshäusern häufig aus Silber hergestellt.

„Reden ist Silber...“, sagt euer Sprichwort. Silber stößt euer Reden, Denken und Fühlen an. Silber in seinem Schein ist Sein und Nichtsein, unbewertet. Darin besteht seine Klarheit, die Durchsichtigkeit seines Wesens, daß es Sein und Nichtsein ist. Aber der Mensch kann mit seinem Auge diese Klarheit nicht erschauen. Die Durchsichtigkeit von Silber erfaßt das menschliche Auge nur im Silberglanz. Und gerade dieser wirkt auf den Menschen zwielichtig, faszinierend, herausfordernd.

Geht in die Tiefe des Glanzes von Silber. Werdet selbst zu Silber, und erfahrt euer Sein und euer Nichtsein. Silber von innen erlebend werdet ihr Silber nicht mehr bewerten, nicht mehr fasziniert sein. Ihr werdet sein und nicht sein, und es wird euch beruhigen und erfreuen.

DIE GESCHICHTE DER FARBE AM BEISPIEL DES HERZENS

Grün ist die Farbe des Herzens, wenn es um Heilung geht, Heilung des eigenen Herzens und anderer Herzen.

Rosa ist die Farbe des Dienens, wenn das geheilte Herz für andere dasein kann. Blau ist die Farbe des göttlichen Herzens, wenn der priesterliche König so eingezogen ist in das menschliche Herz, daß es selbst zum göttlichen Diener wird.

Daher sind Blau-Rot-Kombinationen Ausdruck für das Neue, für Heilen im höchsten Sinn. Vom Herzen Christi strahlt Blau aus, und zwar seit Palmsonntag, dem Tag des Einzugs in Jerusalem, wo sich das dienende Jesusherz zum göttlichen Christusherz verwandelte.

FARBTÖNE UND IHRE WIRKFELDER IM ZUSAMMENSPIEL

Ihr baut euer Farbverständnis auf, indem ihr in einer Farbskala von den sanften bis zu den tiefen Tönen geht, zum Beispiel auf der Rot-Skala vom Rosa bis zum tiefsten Rot. Dabei geht ihr von dem aus, was eure Augen sehen. Das ist eure Möglichkeit aus irdischer Sicht. Aus himmlischer Sicht betrachten wir das Prinzip des Wirkfeldes, das in allen Farben zu finden ist.

Nach dem gemeinsamen Schlüssel der Ausstrahlung der Farben zu fragen, ist die himmlische Sicht, während aus irdischer Sicht das Sichtbare, Beweisbare an den Farben das Kriterium der Betrachtung ist.

Dennoch unterliegt ihr dabei einer Ungelöstheit, denn wer kann euch beweisen, daß der nächste, andere Betrachter dieselben Farbnuancen mit seinem Auge so erschaut, wie ihr es selbst erschaut? Das könnt ihr am Beispiel von Türkis verstehen: was der eine als Blau-Nuance sieht, erscheint dem anderen als Grün-Nuance.

Nehmen wir als Einführung in die himmlische Sicht die Skala von Gelb. Wir sprachen über Weißgelb, Zitronengelb, Sonnengelb und Goldgelb. Gingen wir in noch tiefere Töne von Gelb, kämen wir bis zum Braun. Das könnt ihr optisch nachvollziehen, und das ist eure irdische Sicht.

Die himmlische Sicht fragt, wie das Wirkfeld von Gelb, nämlich die Ausdehnung des göttlichen Lichtes in seinen Facetten von Frische, Lebendigkeit, Wärme, Nahrung – vom geringen bis zum hohen Grad – eine Verbindung eingeht mit dem In-sich-Ruhenden. Nehmt die unterschiedlichen Nuancen von Gelb und taucht euch mit diesem Gelbton ein in Brauntöne. Meditiert das Zusammenspiel dieser so unterschiedlichen Wirkfelder, obwohl sie auf *einer* getönten Farbskala sind!

BUNT

Alle Farben sind im Urlicht gespeichert und werden vom Urlicht ausgestrahlt. „Alle" Farben zusammen nennt ihr „Bunt".

Im Bunt habt ihr die Vielfalt der Farbreize; eure Augen, eure Gefühle und euer Bewußtsein können jedoch meist nur jede Farbe einzeln erfahren und speichern. Das ist der Preis der irdischen Erfahrung.

Das Urlicht selbst ist Fülle; da ist die Farbe Bunt kein in einzelne Farben Zerlegtes, Getrenntes.

Schaut in die Sonnenstrahlen, die durch die Bäume eines dunklen, feuchten Waldes leuchten: Euer Auge kann den Abglanz des göttlichen Wirkfeldes von Bunt erhaschen.

Betrachtet den Regenbogen: Nehmt die einzelnen Farben in der Form wahr, und dann betrachtet das Ganze und seine Ausstrahlung.

Auch im Bergkristall könnt ihr einen Abglanz der göttlichen Farbe Bunt erblicken und euch vom Wirkfeld von Bunt berühren lassen. Daher sind seine Strahlfähigkeit und Heilfähigkeit so immens groß, denn die Wirkfelder fast aller Farben können von ihm ausstrahlen. Der Bergkristall trägt dazu bei, daß das Urlicht auf der Erde verankert ist.

Die Erde ist in ihren Wachstumskräften beweglich: Zerstörung, Aufbau, neu entstehende Kreativität, Selbst-Erneuerung und Wandel sind die Urprinzipien ihrer Existenz. Die Farben und ihre Wirkfelder tragen dazu bei, daß die Erde ihre Kräfte selbstregenerierend und selbstheilend ausbalancieren kann. Denn die Sonne selbst ist ja eine Art Abglanz des Göttlichen, wie vieles andere auch, aber auf besondere Weise unverfälscht göttlicher Spiegel.

Der Bergkristall als Stein-Wesenheit hat ja schon eine relativ niedere Schwerstofflichkeit; die Sonne wirkt von oben nach unten absteigend, der Bergkristall von unten nach oben aufsteigend. Der Bergkristall enthält eine hohe göttliche Botschaft, denn in ihm ist das Prinzip der Herkunft der Farben gespeichert. (Wir erwähnten, daß Schwarz und Gold nicht im Bergkristall verankert sind). Der Bergkristall kann als „Lichthöhle des Urlichtes auf Erden" bezeichnet werden.

Bunt in seiner Farbenpracht hat also eine wichtige Aufgabe für alles Leben auf unserem Planeten und auch für die Erde selbst.

Und hier sagt uns das Bunt seine Botschaft:
„Ich bin das Eine im Vielen, die Fülle und das Ganze. Gehe in mich hinein, und sei das Eine im Vielen, sei die Fülle und sei das Ganze."

Nun schlagen wir euch eine praktische Übung vor:
Stellt eine Schüssel mit vielen kleinen Perlen in allen euch vorstellbaren Farben vor euch.
Laßt die Farben der Perlen auf euch wirken: Was ist „Bunt"?
Schaut euch eine Perlmuttmuschel an: Was ist „Bunt"?
Schaut euch einen Opal an: Was ist „Bunt"?
Tragt euer vielfarbigstes Gewand: Was ist „Bunt"?
Schaut in die Regenbogenkammern eines Bergkristalls: Was ist „Bunt"?
Ihr werdet die verschiedenen einzelnen Farben aufzählen – und die Summe all dieser Farben nennt ihr auch „Bunt"!
Aus irdischer Sicht ist „Bunt" die Vielfalt der Einzelteile als Gesamtheit.
Aus himmlischer Sicht betrachten wir das Ganze. Schaut all die genannten Beispiele – Perlen, Muschel, Opal, Gewand, Bergkristall – mit weichem Blick an und versucht, zusätzlich das Strahlenfeld dieses mit weichem Blick erfaßten Ganzen auf euch wirken zu lassen. Das ist es, was wir „Bunt" nennen.

An der Buntheit der erschaffenen Tiere, die eine eigene „Welt" auf dem Reich der Erde sind, könnt ihr die Vielfalt der schöpferischen Kraft erkennen.

Und nun meditiert „Universum", indem ihr Einzelteile zusammentragt und versucht, sie zu einem Ganzen zusammenzubinden. So geht ihr mit eurem Geist vom Kleinen zum Vielen und zum Ganzen.

Danach laßt alles wieder los und seid bereit, das Wirkfeld des Universums zu erfahren – dann habt ihr den Blick für das Ganze. So wird sich euer Bewußtsein erweitern, Grenzen werden ausgedehnt, und Werte erhalten eine neue Bedeutung.

WESEN UND BEDEUTUNG DER STRAHLKRAFT DER FARBEN

Diese hier dargestellte Farblehre enthält eine andere Sicht als die bisher bekannten Farblehren. Hier wird eine kosmische Ebene einbezogen, auf der die Zusammenhänge von Lebensprinzipien ausdifferenziert dargestellt werden. Die vorhandenen Farblehren und Farbtherapien werden nicht widerlegt. Das ist gut so. Es gibt viele Wege, sich dem eigenen Wachstum und der eigenen Heilung zu nähern.

Die Farbtexte hier schaffen eine Verbindung vom Wesen der Farbe und seiner Bedeutung bei Gesamtzusammenhängen zwischen „Himmel und Erde“. Das wird zum Beispiel am Blau und seiner Geschichte deutlich. Hinter den Farbtexten steht der Einblick in kosmische Abläufe auf verschiedenen Ebenen. Die Strahlen der Farben, nämlich die Kraft ihres Wirkens, sind ein göttliches Instrument, das von der Seelenebene bis zur physischen Ebene wirkt. Daraus ergeben sich Aspekte des Heilens.

Nehmt zum Beispiel die Kraft der Orientierungslosigkeit, die im Wirkfeld von Schwarz vorhanden ist. Ein Mensch in seiner Physis, eingehüllt von seinem Emotional- und Denkkörper, der sich im Zustand von Orientierungslosigkeit befindet, braucht nicht unbedingt das Gegenteil, nämlich die klare Reinheit von Weiß, sondern er braucht die Stoßkraft des Rots, das ihn von unten, von der Erde her, befähigt, einen Ausweg aus dem Dunkel der Orientierungslosigkeit zu finden.

Die Farbtexte können nicht wie Schablonen angewandt und auch nicht in Schubladen eingeordnet werden. Außerdem müssen die vielen Zwischentöne der „Grundfarben“ und das Zusammenspiel der Farbwirkfelder berücksichtigt werden.

In den Farbtexten wird ein erster Schritt der Kenntnis zurückgegeben, der ungeschrieben, also nicht auf Papier geschrieben, aber gewußt, gedacht und angewandt vor Urzeiten vorhanden war. Diese Kenntnis wurde im Geiste weitergereicht, gesungen und in Tempeln des Gotteslobes und der Menschenheilung angewandt; und dort war die Bedeutung der Farben und ihrer Kräfte bekannt. Es handelt sich um kein geheimes Wissen einiger weniger Menschen, sondern um die Lebensbasis.

Je mehr die Menschen in die Materie gingen, je mehr sie Materie ausdifferenzierten, um so weniger Interesse hatten sie am Zugang zu dem ihnen bekannten

Wissen aus höchster göttlicher Quelle. Die Aufmerksamkeit des menschlichen Geistes richtete sich auf die Vermehrung der Kenntnisse in unzähligen Teilbereichen. Damit blieb der menschliche Geist, der uferlos weiterforschte, letztlich auf derselben Ebene. Er merkte noch nicht einmal, daß er die Stufen der Weisheit, die zwischen „Höhe und Tiefe“ lagen, vergessen hatte. Fast unbemerkt gab er sein hohes Wissen der Heilkunst über die Kräfte der Natur, der Pflanzen, des Wetters, der Steine und Edelsteine sowie der Gestirne auf. Den Beistand der Tierwelt mißbrauchte er, indem er sich die Tiere untertänig machte.

Daher ist der Aufstieg des Menschen so langsam und so schwer. Daher hat die Evolutionsgeschichte so lange gebraucht, den Rückweg zur Göttlichkeit des Menschen freizulegen.

Gerade die Farben, die ihre Strahlkraft, ihr Wesen und ihre Bedeutung behalten haben, zeugen von der göttlichen Kreativität und Vielfalt wirksamer kosmischer Instrumente. Das menschliche Auge hat sich so verändert, daß es die Farben teilweise gar nicht mehr erblickt. Der menschliche Geist hat die Sprache der Farben vergessen. Daher kann der Emotionalkörper auf manche Prozesse, die bezüglich der Farben zwar bestehen, aber vom Menschen nicht wahrgenommen werden, gar nicht mehr reagieren. Es ist eine Frage der Entwicklung des Menschen, inwieweit sein Lichtkörper entwickelt ist, um ihm den Zugang zu seinem „alten“ Wissen auf neue Weise zu eröffnen.

Dieses Wissen wurde ihm von der Urquelle mitgegeben und war immer vorhanden. Da immer mehr Menschen verschiedenen Alters und Geschlechtes zur Entwicklung und zum Mitwirken ihres Lichtkörpers beitragen und die Bereitschaft an der Entwicklung des Heiligen Geistes im Menschen größer wird, fließen vermehrt Kenntnisse zurück, die nicht neu sind und auch nicht verloren waren. Diese Kenntnisse schliefen oder waren verschüttet. Und so wird es im Laufe der Zeit möglich sein, verschiedene Kenntnisse unterschiedlicher Farblehren zusammenzubinden.

Das Wissen wird nicht Vorrang einiger weniger Menschen bleiben, die den vielen interessierten Menschen Anleitung zum Umgang mit den Farben geben. Sondern die vielen Menschen werden selbst durch Meditation und praktische Erfahrung mit den Farbfeldern die lautlose Sprache der Farben wieder verstehen.

Die farbkundigen Menschen werden keine neue Machtstruktur aufbauen gegenüber den nicht farbkundigen Menschen. Das Wissen und die Erfahrung über Farben werden allen Menschen zugänglich sein.

DIE BEDEUTUNG DES ERWEITERTEN FARBWISSENS

Wenn das schon längst gewußte kosmische Wissen, das wir als „altes Wissen" bezeichnen, euch allmählich zurückfließt, so bedeutet das nicht, daß ihr heute „nachsitzen" müßt und alte Erfahrungen wiederholen werdet.

Wir meinen das Weisheitswissen aller Zeiten und Ebenen. In dieses wird das erlernte Wissen des Denkens integriert. Kein Wissen geht verloren, kein Wissen wird verneint. Es geht ja um das erweiterte Wissen!

Ihr werdet das erweiterte Bewußtsein haben und euer altes Wissen in diese sich weitende Zeit nicht nur integrieren, sondern transformieren. Jede Epoche der Menschheitsgeschichte hat ihre eigenen Evolutionsschritte. Ihr werdet keine Wachstumsschritte wiederholen. Ihr werdet das euch längst bekannte Wissen in einer Gesamtschau zusammenbinden. Das wird möglich sein, weil das profunde Teilwissen vieler Einzelner heute veröffentlicht, also allen zugänglich gemacht wird. Dadurch werden immer mehr Menschen „angeschubst", an ihr eigenes Wissen heranzukommen.

Ihr spürt ja schon heute, daß sich vielerlei feinstoffliches Wissen nicht widerspricht. Das ist das Zeichen, daß euer Geist sowie euer Bewußtsein die Vielfalt, die Fülle und die Ausdifferenzierung des kosmischen Wissens aushalten können. Ja, euer Geist hält den „Boom" des Wissens nicht nur aus, sondern gestaltet dieses Wissen mit, und durch immer mehr erweiterte Schau wird dieses Teilwissen zusammengebunden.

Wenn ihr die verschiedenen Farblehren zusammenbringen könnt, wird es euch möglich sein, andere feinstoffliche Bereiche einzubeziehen: zum Beispiel die Düfte, die „Ersteller der Düfte" – nämlich die Kräuter und Heilpflanzen; die Töne und eure menschliche Stimme, die Steine und Edelsteine. Aus diesen Teilbereichen ist euch schon vieles bekannt geworden. Ihr werdet Folgerungen für das Wohlbefinden des Menschen, für heilende Unterstützung seines schwerstofflichen Körpers aus dem Gesamtwissen ziehen.

Achtet darauf, die beschriebenen Farben nicht in einer bewertenden Schublade abzulegen, zum Beispiel: „Schwarz ist Orientierungslosigkeit", „Weiß ist Klarheit"...

Achtet vielmehr darauf, die Lebendigkeit der Energiefelder zu erspüren. Ja, und fühlt euch ein in das Zusammenspiel der Wirkfelder von mehreren Farben.

Überlegt euch, wie ihr die neuen Erkenntnisse in euren praktischen Alltag bringen könnt. Ist es zum Beispiel möglich, die Farben der Nahrungsmittel auf heilsame Weise zusammenzustellen? Könnte ein Blumenstrauß unter neuem Blickwinkel dein Zimmer zieren? Kann die Gardine etwas Neues aussagen? Was macht die Kleidung der anderen mit dir? Wie kannst du dein inneres Wachstum durch die Farben deiner Kleidung unterstützen?

Diese Fragen sollen ein paar Anregungen geben zum Weiterentwickeln der Schau über die Wirkfelder der Farben.

Jeder kleine Schritt neuen Bewußtseins führt euch einer größeren Schau des Zusammenspiels kosmischer Kräfte entgegen.

ABRUNDENDE BETRACHTUNG

Wir haben euch mit der kosmischen Farblehre Farbe um Farbe gegeben. Damit sind wir den Weg der irdischen Sicht gegangen, indem wir das Einzelne zum Einzelnen zufügten, und so ist das Ganze allmählich gewachsen.

An einigen Beispielen haben wir das Zusammenspiel der Wirkfelder von zwei Farben dargestellt. Die Darstellung mehrerer Wirkfelder steht aus.

Je mehr ihr euch die lebendige Wesenheit der einzelnen Farbe erarbeitet, um so mehr wird die Fähigkeit, die verschiedenen Farbwirkfelder zusammenzubinden, wachsen.

Das ist das Ziel dieser Kosmischen Farblehre, daß ihr in ein weiterreichendes Verständnis eurer Erlebniswelt hineinwachst. Eure Lebensschau und euer Verständnis füreinander werden über das erweiterte Erleben wachsen. Ihr werdet neue Schlüsse ziehen können für euren Umgang mit Farbe.

Dies wird nun eurer eigenen Erarbeitung überlassen. Hier beginnen die ureigenen Wachstumsschritte, die nicht mehr gelehrt, „vorgekaut" oder vorgeschrieben werden. Die Folgerungen aus euren eigenen Erfahrungen hängen von eurem eigenen Bewußtsein ab.

Geht auf die farbliche Entdeckungsreise. Ihr findet die Fülle des göttlichen Universums in euch selbst.

Laßt die Farben zu Tönen werden. Setzt Ton zu Ton, und laßt die Musik der Farbwelt erklingen.

„Bunt" wird keine neue Farbe sein.

„Bunt" wird sein das Ankommen im großen Einen, wo euch die Schau für das Ganze im Einen aufgehen wird.

WIE EMPFANGEN WIR DEN INHALT DIESES BUCHES?

Diese Frage haben wir uns selbst gestellt. Nachdem Weihnachten 1994 das himmlische Wort in die irdische Sprache floß, versuchten wir immer wieder, den Vorgang des Empfangens der Texte zu begreifen. Es gelang uns damals noch nicht.

In unserer jahrelangen meditativen Arbeit war uns beiden klar: Wir wollten nur mit dem Höchsten in Kontakt kommen, und wir waren eher reserviert gegenüber jeder Art von „Botschaften". So wurde unsere Frage immer intensiver.

Erst jetzt, Sommer 1996, ist uns Einblick geschenkt worden in die Zusammenhänge unseres meditativen Schreibens.

Für den Leser wollen wir einen kurzen Einblick in unsere jetzige Art des Empfangens geben, denn auch das Empfangen der Texte ist eine Art der Fließenden Schau! Es ist kein von uns erdachtes Konzept – es geschieht.

Der vorbereitende Schritt zum Empfangen besteht aus einer intensiven Phase der Reinigung. Wir verbinden uns mit dem Höchsten über das Singen des OM. Alle niederen Körper, nämlich physischer Körper, Emotionalkörper und Denkkörper, stellen sich auf „Ruhe" ein, und der Geist beginnt sich zu zentrieren. Alle unsere Körper schwingen sich ein, und sie stimmen sich ebenso auf den anderen ein. Es entsteht unser gemeinsames energetisches Feld, das nicht mehr in „mein" und „dein" unterschieden werden kann. So unterschiedlich die individuellen Energien sind, sie integrieren sich und kreieren damit etwas Neues. Gerade die Gegensätzlichkeit, die eben keine „Gegen-Sätzlichkeit" ist, läßt die Weite und Unbegrenztheit des gemeinsamen Feldes zu.

Der Geist übersteigt Zeit und Raum, und in der Höhe des göttlichen Geistes können wir irdisches Wort göttlich geprägt erhalten. Irdischer Geist und Geist des Höchsten vereinen sich. Im Empfangen der Texte verbinden sich Raum und Zeit mit „Darüber-Raum-und-Zeit", so daß ein Feld unbegrenzter Größe und Fülle entsteht. Und das geschieht bei uns beiden auf unterschiedliche Weise.

Die eine von uns verbindet den irdischen mit dem göttlichen Geist, indem sie sich breitet und weitet in den Dimensionen „Oben-Unten". Je feiner die Ebenen der Geisteswelt werden, um so weniger werden irdisches Wort und irdisch-logischer Geist erreicht. Die Arbeit ist, bei „Rückkehr des irdischen Geistes“ in seine weltliche Ausdrucksform, die erfahrene Erweiterung auf der Erde zu integrieren. Kurz gefaßt: Es geht um das Erweitern und Halten des wortlosen Feldes.

Die andere verbindet den irdischen mit dem göttlichen Geist, indem sich der „Himmel auftut“ durch totales Öffnen *und* Erden des Zustandes. Die Kraft des göttlichen Geistes wird in das Wort transformiert, und die irdische Kraft greift das Wort auf, und dazu müssen die irdischen Körper bereit und fähig sein. Kurz gefaßt: Es geht um das Empfangen des wortreichen Feldes.

Durch diese Art von Meditation können wir das göttliche Wort empfangen, hören und schreiben.

So wie wir in die meditative Arbeit „einsteigen“, müssen wir auch wieder „aussteigen“. Jede von uns beiden kehrt auf individuelle Weise aus der Meditation zurück.

Während dieser Arbeit behalten wir unseren persönlichen Zugang zu unserem Tagesbewußtsein, um zum Beispiel auch die Bedürfnisse der niederen Körper auszugleichen (Trinken, Niesen usw.).

Das Wissen aus höherer Sicht, was sich uns als Wissen der QUELLE darstellt, ist immer vorhanden und abrufbar. Das geistige Feld ist immer vorhanden und jedem zugänglich. Die Fähigkeit der Zugänglichkeit kann entwickelt werden.

Es ist ein anderer Weg, wenn eine Wesenheit mit Namen eine bestimmte Verbindung herstellt.

Unser Weg ist die Verbindung mit der Weite, der Unbegrenztheit, der Weisheit, die sich einladend und deutlich vermittelt. Es ist das Zusammenspiel von Oben-Unten und Unten-Oben.

Und so wird zeitlose Geistesgeschichte in irdische Zeit integriert.

DIE AUTORINNEN ÜBER SICH SELBST UND IHRE BÜCHER

Das grundlegende Prinzip, das sich durch alle unsere aus „himmlischer Sicht“ empfangenen Bücher zieht, ist die Fließende Schau. Damit ist gemeint, daß der Mensch sich, soweit es ihm möglich ist, mit seinem Höchsten verbindet und von dort aus die irdischen Vorgänge und sich selbst betrachtet. Dadurch bekommen die irdischen Abläufe und die Einschätzung ihrer Bedeutung einen anderen Wert als in der Betrachtung aus irdischer Sicht. Die Erfahrung zeigt, daß die Erde, wir Menschen und unser aller Erdendasein als Teil in das Universum eingebettet sind und damit auf „das Ganze“ einwirken, so wie „das Ganze“ auf uns eben auch einwirkt.

Polt man sich auf diese Betrachtungsweise, wird das Erdendasein zur Chance, das höchstmögliche Göttliche hier auf der Erde zu verwirklichen.

So ist es auch mit unserer Meditation und den in der Meditation erhaltenen Texten: Nicht wir haben die Buchinhalte konzipiert, sondern wir wurden zum Instrument der Botschaft der Fließenden Schau. In der Kraft der göttlichen Energie sind, zu unserer eigenen Überraschung, im Zeitraum der Jahre 1995 und 1996 folgende Bücher entstanden:

wie das irdische Leben aus göttlicher Sicht zu gestalten ist:
DIE QUELLE SPRICHT

wie die Energiefelder der Farben zusammenwirken und
irdischen Lebensprinzipien entsprechen:
DIE KOSMISCHE FARBLEHRE

wie die göttliche Quelle ihren Schöpfungssamen ausbreitete:
DAS SONNENWISSEN

wie das Universum Heilung versteht:
UNIVERSALE HEILUNG (ist im Entstehen)

Die Bücher sind als Lebens- und Arbeitsbücher zu verstehen und unabhängig voneinander zu lesen. Jedes Buch stellt ein in sich abgerundetes Thema dar.

Gerne beantworten wir Fragen, die im Zusammenhang mit den Texten entstehen und freuen uns über Mitteilungen persönlicher Erfahrungen und Meinungen. Wir bieten auch Kurse zu den Büchern an.

In Dankbarkeit an die QUELLE.